中國古典四大名劇

長生殿

中州古籍出版社

前言

前言

在我國絢麗多姿的藝術百花園中，戲曲是一門影響廣泛、極具民族特色的藝術形式。我國的古代戲曲源遠流長，與古希臘悲喜劇、印度梵劇並稱為世界三大古劇。從北宋中葉正式形成，先後經歷了宋元南戲、元代雜劇、明清傳奇、清代中後期花部等發展階段。在這數百年的發展進程中，出現了一大批戲曲名著，其中，尤以王實甫的《西廂記》、湯顯祖的《牡丹亭》、洪昇的《長生殿》和孔尚任的《桃花扇》四劇熠熠奪目，體現了中國古典戲曲藝術的最高成就，被譽為「中國古典四大名劇」。

這四部經典之所以能在傑作如林的戲曲史上超群絶倫，是由於其藝術成就遠遠超越同時代的同類作品。首先是它們所表現的內容具有鮮明的時代性。元代的雜劇《西廂記》歌頌了以愛情為基礎的結合，提出了「願普天下有情的都成了眷屬」的理想，反映了封建社會中青年男女要求婚姻自主、衝破封建禮教束縛的人文主義思想。明末的傳奇劇《牡丹亭》則進一步把男女愛情同個性解放聯繫起來，一方面深刻揭露了封建禮教對人們思想的束縛，一方面描寫了杜麗娘為爭取理想愛情所作的不屈鬥爭，反映了新興市民階層的要求，具有進步的民主思想。清初距離明朝覆亡「殷鑒不遠」，歷史劇《長生殿》和《桃花扇》則更具有鮮明的時代特色。《長生殿》通過李隆基與楊玉環的「釵盒情緣」，總結了封建王朝的興衰原因，以「垂戒來世」。《桃花扇》「借離合之情，抒興亡之感」，以李香君與侯方域的悲歡離合為線索，展現了南明王朝的衰亡歷程，寄寓了深沉的反思。這些愛情戲「無境不襲，無語不因」，或以情節跌宕起伏、錯綜複雜的戲劇衝突強調「情」的自主；或以曲折多變的生活面貌展現政治的演變，反映封建王朝的興衰。這在當時千篇一律的言情相思戲劇作中具有突出的獨創性，令人驚奇，引人入勝。

四部經典劇作深受廣大觀衆和讀者的喜愛，還在於它對人物形象的成功塑造。通過個性化的語言、細節描寫、心理刻畫、相互映襯等多種手法，使劇中的人物形象無論是主要人物還是次要人物，都個性鮮明、栩栩如生，讓人印象深刻，回味無窮。在語言風格上，四劇皆具有濃厚的抒情色彩，寓情於景，情景交融，使主人公的悲喜真實可感。文辭清麗雅緻，優美蘊藉，富有傳統詩詞的意境之美，又通俗易懂。

本書收錄的中國古典四大名劇：《西廂記》《牡丹亭》《長生殿》《桃花扇》，採用宣紙線裝，古樸典雅，為讀者更好地領略我國古典戲劇的精華提供更佳範本。其中《西廂記》以暖紅室所刻《凌蒙初鑒定西廂記》為底本，並參考王季思校注本；《牡丹亭》以明懷德堂《重鐫繡像牡丹亭還魂記》為底本，並參考徐朔方校注本；《長生殿》以稗畦草堂本為底本，並參考徐朔方校注本；《桃花扇》以蘭雪堂本為底本，並參考王季思、蘇寰中校注本。因時間倉促，不妥之處還請讀者批評指正。

編者

二〇一五年三月

目録

第一齣　傳概

【南呂引子】【滿江紅】〔末上〕今古情場，問誰個真心到底？但果有精誠不散，終成連理。萬里何愁南共北，兩心那論生和死。笑人間兒女悵緣慳，無情耳。感金石，回天地。昭白日，垂青史。看臣忠子孝，總由情至。先聖不曾刪鄭、衛，吾儕取義翻宮、徵。借太真外傳譜新詞，情而已。

【中呂慢詞】【沁園春】天寶明皇，玉環妃子，宿緣正當。自華清賜浴，初承恩澤。長生乞巧，永訂盟香。妙舞新成，清歌未了，鼙鼓喧闐起范陽。馬嵬驛、六軍不發，斷送紅妝。西川巡幸堪傷，奈地下人間兩渺茫。幸遊魂悔罪，已登仙籍。回鑾改葬，只剩香囊。證合天孫，情傳羽客，鈿盒、金釵重寄將。月宮會、霓裳遺事，流播詞場。

唐明皇歡好霓裳讌，楊貴妃魂斷漁陽變。鴻都客引會廣寒宮，織女星盟証長生殿。

第二齣　定情

【大石引子】【東風第一枝】〔生扮唐明皇引二內侍上〕端冕中天，垂衣南面，山河一統皇唐。層霄雨露回春，深宮草木齊芳。昇平早奏，韶華好，行樂何妨。願此生終老溫柔，白雲不羨仙鄉。

「韶華入禁闈，宮樹發春暉。天喜時相合，人和事不違。九歌揚政要，六舞散朝衣。別賞陽臺樂，前旬暮雨飛。」朕乃大唐天寶皇帝是也。起自潛邸，入纘皇圖。任人不二，委姚、宋於朝堂；從諫如流，列張、韓於省闥。且喜塞外風清萬里，民間粟賤三錢。真個太平致治，庶幾貞觀之年；刑措成風，不減漢文之世。近來機務餘閒，寄情聲色。昨見宮女楊玉環，德性溫和，丰姿秀麗。卜茲吉日，冊為貴妃。已曾傳旨，在華清池賜浴，命永新、念奴伏侍更衣，即着高力士引來朝見，想必就到也。

【玉樓春】〔丑扮高力士，二宮女執扇引，旦扮楊貴妃上〕恩波自喜從天降，浴罷妝成趨彩仗。〔宮女〕六宮未見一時愁，齊立金階偷眼望。

〔到介，丑進見生跪介〕奴婢高力士見駕。冊封貴妃楊氏，已到殿門。候旨。〔生〕宣進來。〔丑出介〕萬歲爺有旨，宣貴妃楊娘娘上殿。〔旦進，拜介〕臣妾貴妃楊玉環見駕，願吾皇萬歲！〔內侍〕平身。〔旦〕臣妾寒門陋質，充選掖庭，忽聞寵命之加，不勝隕越之懼。〔生〕妃子世冑名家，德容兼備。取供內職，深愜朕心。〔旦〕萬歲。〔丑〕平身。〔旦起介，生〕傳旨排宴。〔丑傳介〕〔內奏樂。旦送生酒，宮女送旦酒。生正坐，旦傍坐介〕

【大石過曲】【念奴嬌序】〔生〕寰區萬里，徧徵求窈窕，誰堪領袖嬪嬙？佳麗今朝、天付與，端的絕世無雙。思想，擅寵瑤宮，褒封玉冊，三千粉黛總甘讓。〔合〕惟願取恩情美滿，地久天長。

【前腔】〔換頭〕〔旦〕蒙獎。沈吟半晌，怕庸姿下體，不堪陪從椒房。受寵承恩，一霎裡身判人間天上。須仿，馮嫕當熊，班姬辭輦，永持彤管侍君傍。〔合〕惟願取恩情美滿，地久天長。

【前腔】〔換頭〕〔宮女〕歡賞，借問從此宮中，阿誰第一？似趙家飛燕在昭陽，寵愛處，應是一身承當。休讓，金屋裝成，玉樓歌徹，千秋萬歲捧霞觴。〔合〕惟願取恩情美滿，地久天長。

【前腔】〔換頭〕〔內侍〕瞻仰，日繞龍鱗，雲移雉尾，天顏有喜對新妝。頻進酒，合殿春風飄香。堪賞，圓月搖金，餘霞散綺，五雲多處易昏黃。〔合〕惟願取恩情美滿，地久天長。

〔丑〕月上了。啟萬歲爺撤宴。〔生〕朕與妃子同步階前，玩月一回。〔內作樂。生攜旦前立，眾退後，齊立介〕

【中呂過曲】【古輪臺】〔生〕下金堂，籠燈就月細端相，庭花不及嬌模樣。輕偎低傍，這鬢影衣光，掩映出丰姿千狀。〔低笑，向旦介〕此夕歡娛，風清月朗，笑他夢雨暗高唐。〔旦〕追遊宴賞，幸從今得侍君王。瑤階小立，春生天語，香縈仙仗，玉露冷沾裳。還凝望，重重金殿宿鴛鴦。

〔生〕掌燈往西宮去。〔北應介，內侍、宮女各執燈引生、旦行介〕〔合〕

【前腔】〔換頭〕輝煌，簇擁銀燭影千行。回看處珠箔斜開，銀河微亮。複道、迴廊，到處有香塵飄颺。夜色如何？月高仙掌。今宵占斷好風光，紅遮翠障，錦雲中一對鸞凰。「瓊花」、「玉樹」、「春江夜月」，聲聲齊唱，月影過宮墻。褰羅幌，好扶殘醉入蘭房。

〔丑〕啟萬歲爺，到西宮了。〔生〕內侍迴避。〔丑〕春風開紫殿，〔內侍〕天樂下珠樓。〔同下〕

【餘文】〔生〕花搖燭，月映窗，把良夜歡情細講。〔合〕莫問他別院離宮玉漏長。

〔宮女與生、旦更衣，暗下，生、旦坐介，生〕銀燭回光散綺羅，〔旦〕御香深處奉恩多。〔生〕六宮此夜含顰望，〔合〕

明日爭傳「得寶歌」。〔生〕朕與妃子偕老之盟，今夕伊始。〔袖出釵、盒介〕特攜得金釵、鈿盒在此，與卿定情。

【越調近詞】【綿搭絮】〔生〕這金釵、鈿盒，百寶翠花攢。我緊護懷中，珍重奇擎有萬般。今夜把這釵呵，與你助雲盤，斜插雙鸞；這盒呵，早晚深藏錦袖，密裹香紈。願似他並翅交飛，牢扣同心結合歡。〔付旦介，旦接釵、盒謝介〕

【前腔】〔換頭〕謝金釵、鈿盒賜予奉君歡。只恐寒姿，消不得天家雨露團。〔作背看介〕恰偷覷，鳳翥龍蟠，愛殺這雙頭旖旎，兩扇團圞。惟願取情似堅金，釵不單分盒永完。

〔生〕朧明春月照花枝，元稹 〔旦〕始是新承恩澤時。白居易 〔生〕長倚玉人心自醉，雍陶 〔合〕年年歲歲樂於斯。趙彥昭

第三齣　賄權

【正宮引子】【破陣子】〔淨扮安祿山箭衣、氈帽上〕失意空悲頭角，傷心更陷羅罝。異志十分難屈伏，悍氣千尋怎蔽遮？權時寧耐些。

「腹垂過膝力千鈞，足智多謀膽絕倫。誰道孽龍甘蠖屈，翻江攪海便驚人。」自家安祿山，營州柳城人也。俺母親阿史德，求子軋犖山中，歸家生俺，因名祿山。那時光滿帳房，鳥獸盡都鳴竄。後隨母改嫁安延偃，遂冒姓安氏。在節度使張守珪帳下投軍。他道我生有異相，養為義子。授我討擊使之職，去征討奚契丹。一時恃勇輕進，殺得大敗逃回。幸得張節度寬恩不殺，解京請旨。昨日到京，吉凶未保。且喜有個結義兄弟，喚作張千，原是楊丞相府中幹辦。昨已買囑解官，暫時鬆放。尋他通個關節，把禮物收去了。着我今日到彼候覆。不免前去走遭。〔行介〕唉，俺安祿山，也是個好漢，難道便這般結果了麼？想起來好恨也！

【正宮過曲】【錦纏道】莽龍蛇、本待將河翻海決，反做了失水甕中鱉，恨樊籠霎時困了豪傑。早知道失軍機要遭斧鉞，倒不如喪沙場免受縲絏，驀地裏腳雙跌。全憑仗金投暮夜，把一身離阱穴。算有意天生吾也，不爭待半路枉摧折。

來此已是相府門首，且待張兄弟出來。〔丑扮張千上〕「君王舅子三公位，宰相家人七品官。」〔見介〕安大哥來了。丞相爺已將禮物全收，着你進府相見。〔淨揖介〕多謝兄弟周旋。〔丑〕丞相爺尚未出堂，且到班房少待。全憑內閣調元手，〔淨〕救取邊關失利人。〔同下〕

【仙呂引子】【鵲橋仙】〔副淨扮楊國忠引祗從上〕榮誇帝里，恩連戚畹，兄妹都承天眷。中書獨坐攬朝權，看炙手威風赫烜。

「國政歸吾掌握中，三台八座極尊崇。退朝日晏歸私第，無數官僚拜下風。」下官楊國忠，乃西宮貴妃之兄也。官居右相，秩晉司空。分日月之光華，掌風雷之號令。〔冷笑介〕窮奢極欲慾，無非行樂及時；納賄招權，真個回天有力。左右迴避。

〔從應下〕〔副淨〕適纔張千稟說，有個邊將安祿山，為因臨陣失機，解京正法。特獻禮物到府，要求免死發落。我想勝敗乃兵家常事，臨陣偶然失利，情有可原。〔笑介〕就將他免死，也是為朝廷愛惜人才。已曾分付令他進見，再作道理。〔丑暗上見介〕張千稟事：安祿山在外伺候。〔副淨〕着他進來。〔丑〕領鈞旨。〔虛下，引淨青衣、小帽上，丑〕這裏來。

〔淨膝行進見介〕犯弁安祿山，叩見丞相爺。〔副淨〕起來。〔淨〕犯弁是應死囚徒，理當跪稟。〔副淨〕你的來意，張千已講過了。且把犯罪情由，細說一番。〔淨〕丞相爺聽稟：犯弁遵奉軍令，去征討奚契丹呵，〔副淨〕起來講。〔淨起介〕

【仙呂過曲】【解三醒】恃勇銳，衝鋒出戰，指征途所向無前。不提防番兵夜來圍合轉，臨白刃，剩空拳。〔副淨〕後來怎生得脫？〔淨〕那時犯弁殺條血路，奔出重圍。單鎗匹馬身幸免，只指望鑒錄微功折罪愆。誰想今日呵，當刑憲！〔叩首介〕望高擡貴手，曲賜矜憐。

【前腔】【換頭】〔副淨起介〕論失律喪師關鉅典，我雖總朝綱敢擅專？況刑書已定難更變，恐無力可回天。〔淨跪哭介〕丞相爺若肯救援，犯弁就得生了。〔副淨笑介〕便道我言從計聽微有權，這就裏機關不易言。〔淨叩頭介〕全仗丞相爺做主！〔副淨〕也罷。待我明日進朝，相機而行便了。乘其便，便好開羅撤網，保汝生全。

〔淨叩頭介〕蒙丞相爺大恩，容犯弁犬馬圖報。就此告辭。〔副淨〕張千引他出去。〔丑應，同淨出介〕「眼望捷旌旗，耳聽好消息。」〔同下〕〔副淨想介〕我想安祿山乃邊方末弁，從未著有勞績，今日犯了死罪，我若特地救他，必動聖上之疑。〔笑介〕哦，有了。前日張節度疏內，曾說他通曉六番言語，精熟諸般武藝，可當邊將之任。我就授意兵部，以此為辭，奏請聖上，召他御前試驗。於中乘機取旨，却不是好。

專權意氣本豪雄，盧照鄰 萬態千端一瞬中。吳融 多積黃金買刑戮，李咸用 不妨私薦也成公。杜荀鶴

第四齣　春睡

【越調引子】【祝英臺近】〔旦引老旦扮永新、貼旦扮念奴上〕夢回初，春透了，人倦懶梳裹。欲傍妝台，羞被粉脂涴。〔老旦、貼旦〕趁他遲日房櫳，好風簾幕，且消受熏香閒坐。

永新、念奴叩頭。〔旦〕起來。【海棠春】流鶯窗外啼聲巧，睡未足，把人驚覺。〔老〕翠被曉寒輕，〔貼〕寶篆沈煙裊。〔旦〕宿酲未醒宮娥報，〔老、貼〕道別院笙歌會早。〔旦〕試問海棠花，〔合〕昨夜開多少？〔旦〕奴家楊氏，弘農人也。父親元琰，官為蜀中司戶。早失怙恃，養在叔父之家。生有玉環在於左臂，上隱「太真」二字。因名玉環，小字太真。性格溫柔，姿容豔麗。漫揞羅袂，淚滴紅冰；薄試霞綃，汗流香玉。荷蒙聖眷，拔自宮嬪。位列貴妃，禮同皇后。有兄國忠，拜為右相，三姊盡封夫人，一門榮寵極矣。昨宵侍寢西宮，〔低介〕未免雲嬌雨怯。今日晌午時分，纔得起來。〔老、貼〕鏡奩齊備，請娘娘理妝。

〔旦行介〕綺疏曉日珠簾映，紅粉春妝寶鏡催。

【越調過曲】【祝英臺】〔坐對鏡介〕把鬢輕撩，鬟細整，臨鏡眼睃。〔老〕請娘娘貼上這花鈿。〔旦〕貼了翠鈿，〔貼〕再點上這臙脂。〔旦〕注了紅脂，〔老〕請娘娘畫眉。〔旦畫眉介〕着意再描雙蛾。〔旦立起介〕延俄，慢支持楊柳腰身，〔貼〕呀，娘娘花兒也忘戴了。〔代旦插花介〕好添上櫻桃花朶。〔老、貼作看旦介〕看了這粉容嫩，只怕風兒彈破。〔老、貼〕請娘娘更衣。

〔與旦更衣介〕

【前腔】〔換頭〕飄墮、麝蘭香，金繡影，更了杏衫羅。〔旦步介〕〔老、貼看介〕你看小顫步搖，輕蕩湘裙。〔旦兜鞋介〕低蹴半彎凌波，停妥。〔旦顧影介〕〔老、貼〕裊臨風，百種嬌嬈。〔旦回身臨鏡介〕〔老、貼〕還對鏡，千般婀娜。〔旦作倦態，欠伸介〕〔老、貼扶介〕娘娘，恁懨懨，何妨重就衾窩。

〔旦〕也罷，身子困倦，且自略睡片時。永新、念奴，與我放下帳兒。正是：「無端春色薰人困，纔起梳頭又欲眠。」

〔睡介〕〔老、貼放帳介〕〔老〕萬歲爺此時不進宮來，敢是到梅娘娘那邊去麼？〔貼〕姐姐，你還不知道，梅娘娘已遷置上陽樓東了！〔老〕哦，有這等事！〔貼〕永新姐姐，這幾日萬歲爺專愛楊娘娘，不時來往西宮，連內侍也不教隨駕了。我與你須要小心伺候。〔生行上〕

【前腔】〔換頭〕欣可，後宮新得嬌娃，一日幾摩挲！〔生作進，老、貼見介〕萬歲爺駕到。娘娘剛纔睡哩。〔生〕不要驚他。〔作揭帳介〕試把綃帳慢開，龍腦微聞，一片美人香和。〔瞧科〕愛他，紅玉一團，壓著鴛衾側臥。〔老、貼背介〕這溫存，怎不占了風流高座！

【前腔】〔換頭〕〔旦作驚醒低介〕誰個？驀然揭起鴛幃，星眼倦還挼。〔作坐起，摩眼、撩鬢介〕〔生〕早則淺淡粉容，消褪唇朱，掠削鬢兒欹矬。〔老、貼作扶旦起，旦作開眼復閉，立起又坐倒介〕〔生〕憐他，侍兒扶起腰肢，嬌怯怯難存難坐。〔老、貼扶旦坐介〕

〔生扶住介〕恁朦騰，且索消詳停和。

〔旦〕萬歲！〔生〕春晝晴和，正好及時遊賞，為何當午睡眠？〔旦低介〕夜來承寵，雨露恩濃，不覺花枝力弱。強起梳頭，卻又朦朧睡去。因此失迎聖駕。〔生笑介〕這等說，倒是寡人唐突了。〔旦嬌羞不語介〕〔生〕妃子，看你神思困倦，且同到前殿去，消遣片時。〔旦〕領旨。〔生、旦同行，老、貼隨行介〕〔生〕落日留王母，〔旦〕微風倚少兒。〔老、貼合〕宮中行樂秘，少有外人知。〔生、旦轉坐介〕〔丑上〕「晝漏稀聞高閣報，天顏有喜近臣知。」啟萬歲爺：國舅楊丞相，遵旨試驗安祿山，在宮門外回奏。〔生〕宣奏來。〔丑宣介〕楊丞相有宣。〔副淨上〕「天下表章經院過，宮中笑語隔墻聞。」〔拜見介〕臣楊國忠見駕。願吾皇萬歲，娘娘千歲！〔丑〕平身。〔副〕臣啟陛下：蒙委試驗安祿山，果係人才壯健，弓馬熟嫻，特此覆旨。〔生〕朕昨見張守珪奏稱：祿山通曉六番言語，精熟諸般武藝，可當邊將之任。今失機當斬，是以委卿驗之。既然所奏不誣，卿可傳旨祿山，赦其前罪。明日早朝引見，授職在京，以觀後效。〔副〕領旨。〔下〕〔丑〕啟萬歲爺：沉香亭牡丹盛開，請萬歲爺同娘娘賞玩。〔生〕今日對妃子，賞名花。高力士，可宣翰林李白，到沉香亭上，立草新詞供奉。〔丑〕領旨。〔下〕〔生〕妃子，和你賞花去來。

倚檻繁花帶露開，羅虯　〔旦〕相將遊戲繞池臺。孟浩然　〔生〕新歌一曲令人豔，萬楚　〔合〕只待相如奉詔來。李商隱

第五齣　褉遊

【雙調引子】【賀聖朝】〔丑上〕崇班內殿稱尊，天顏親奉朝昏。金貂玉帶蟒袍新，出入荷殊恩。

咱家高力士是也，官拜驃騎將軍。職掌六宮之中，權壓百僚之上。迎機導窾，摸揣聖情；曲意小心，荷承天寵。今乃三月三日，萬歲爺與貴妃娘娘遊幸曲江，命咱召楊丞相並秦、韓、虢三國夫人，一同隨駕。不免前去傳旨與他。「傳聲報戚里，今日幸長楊。」

〔下〕

【前腔】〔淨冠帶引從上〕一從請託權門，天家雨露重新。纍臣今喜作親臣，壯懷會當伸。

俺安祿山，自蒙聖恩復官之後，十分寵眷。所喜俺生的一個大肚皮，直垂過膝。一日聖上見了，笑問此中何有？俺就對說，惟有一片赤心。天顏大喜，自此愈加親信，許俺不日封王。豈不是非常之遇！左右迴避。〔從應下〕〔淨〕今乃三月三日，皇上與貴妃遊幸曲江。三國夫人隨駕。傾城士女，無不往觀。俺不免換了便服，單騎前往，遊玩一番。〔作更衣、上馬行介〕出得門來，你看香塵滿路，車馬如雲，好不熱鬧也。正是：「當路遊絲縈醉客，隔花啼鳥喚行人。」〔下〕〔副淨、外扮王孫，末扮公子，各麗服，同行上〕〔合〕

【仙呂入雙調】【夜行船序】春色撩人，愛花風如扇，柳煙成陣。行過處，辨不出紫陌紅塵。〔見介〕請了。〔副淨外〕今日修禊之辰，我每同往曲江遊玩。〔末、小生〕便是，那邊簇擁著一隊車兒，敢是三國夫人來了。我每快些前去。〔行介〕紛紜，繡幕雕軒，珠繞翠圍，爭妍奪俊。氤氳，蘭麝逐風來，衣綵珮光遙認。〔同下〕

〔老旦繡衣扮韓國，貼白衣扮虢國，雜緋衣扮秦國，引院子、梅香各乘車行上〕〔合〕

【前腔】〔換頭〕安頓，羅綺如雲，鬥妖嬈，各逞黛娥蟬鬢。蒙天寵，特敕共探江春。〔老旦〕奴家韓國夫人，〔貼〕奴家虢國夫人，〔雜〕奴家秦國夫人，〔合〕奉旨召遊曲江。院子把車兒趲行前去。〔院〕曉得。〔行介〕〔合〕朱輪，碾破芳堤，遺珥墜簪，落花相襯。榮分，戚里從宸遊，幾隊宮妝前進。〔同下〕

【黑麻序】〔換頭〕〔淨策馬上，目視三國下介〕妙啊，回瞬，絕代丰神，猛令咱一見，半晌銷魂。恨車中馬上，杳難親近。俺安祿山，前往曲江，恰好遇着三國夫人，一個個天姿國色。唉，唐天子，唐天子！你有了一位貴妃，又添上這幾個阿姨，好不風流也！評論，群花歸一人，方知天子尊。且趕上前去，飽看一回。望前塵，饞眼迷奚，不免揮策頻頻。

〔作鞭馬前奔，雜扮從人上，攔介〕咄，丞相爺在此，什麼人這等亂撞！〔副淨騎馬上〕爲何喧嚷？〔淨、副淨作打照面，淨回馬急下〕〔從〕小的方纔見一人，騎馬亂撞過來，向前攔阻。〔副淨笑介〕那去的是安祿山。怎麼見了下官，就疾忙躲避了。〔作沉吟介〕三位夫人的車兒在那裡？〔從〕就在前面。〔副淨〕呀，安祿山那廝怎敢這般無禮！

寄生草

莫正璜繪圖

四

中国古典四大名剧

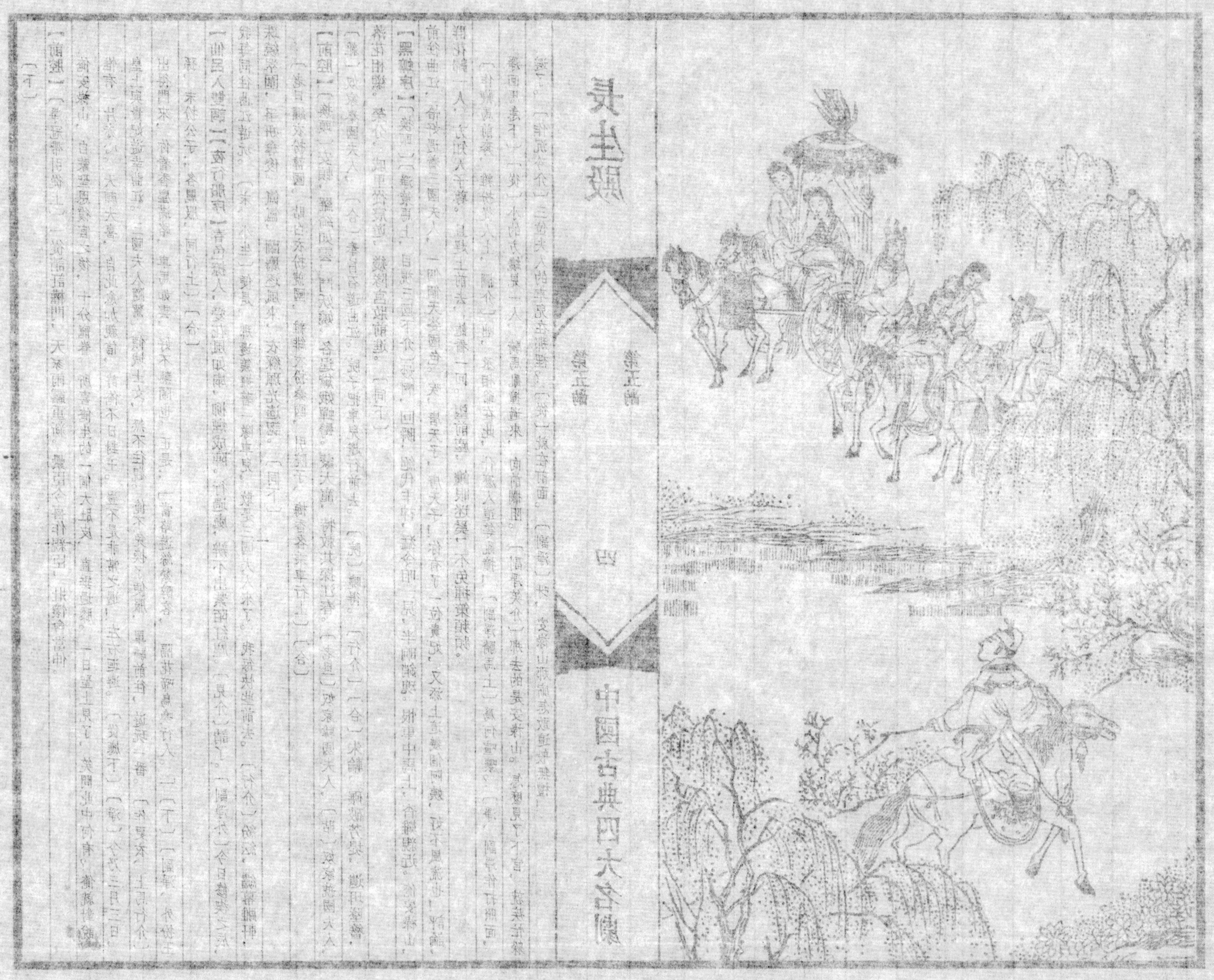

【前腔】〔換頭〕堪恨，藐視皇親，傍香車行處，無禮廝混。陡衝衝怒起，心下難忍。叫左右，緊緊跟隨着車兒行走，把閒人打開。〔衆應行介〕〔副淨〕忙奔，把金鞭辟路塵，將雕鞍逐畫輪。〔合〕語行人，愼莫來前，怕惹丞相生嗔。〔同下〕

【錦衣香】〔淨扮村婦，丑扮醜女，老旦扮賣花娘子，小生扮舍人，行上〕〔合〕妝扮新，添淹潤；身段村，喬丰韻，更堪憐芳草沾裾，野花堆鬢。〔見介〕〔淨〕列位都是去遊曲江的麼？〔衆〕正是。今日皇帝、娘娘，都在那裡，我每同去看一看。〔丑〕聽得皇帝把娘娘愛的似寶貝一般，不知比奴家容貌如何？〔老旦笑介〕〔小生作看丑介〕〔丑〕你怎麼只管看我？〔小生〕我看大姐的臉上，倒有幾件寶貝。〔淨〕什麼寶貝？〔小生〕你看眼嵌貓睛石，額雕瑪瑙紋，蜜蠟裝牙齒，珊瑚鑲嘴唇。〔淨笑介〕〔丑將扇打小生介〕小油嘴，偏你沒有寶貝。〔小生〕你說來。〔丑〕你後庭像銀礦，掘過幾多人！〔淨笑介〕休得取笑。聞得三國夫人的車兒過去，一路上有東西遺下，我每趕上尋看。〔丑〕如此快走。〔行介〕〔丑作嬌態與小生諢介〕〔合〕和風徐起蕩晴雲，鈿車一過，草木皆春。〔小生〕且在這草裏尋一尋，可有甚麼？〔老旦〕我先去了。向朱門繡閣，賣花聲叫的殷勤。〔叫賣花下〕〔衆作尋、各拾介〕〔丑問淨介〕你拾的甚麼？〔淨〕是一枝簪子。〔丑看介〕是金的，上面一粒緋紅的寶石。好造化！〔淨問丑介〕你呢？〔丑〕一隻鳳鞋套兒。〔淨〕好好，你就穿了何如？〔丑作伸脚比介〕啐，一個脚指頭也着不下。鞋尖上這粒真珠，摘下來罷。〔作摘珠、丟鞋介〕〔小生〕待我袖了去。〔丑〕你倒會作攬收拾！你拾的東西，也拿出來瞧瞧。〔小生〕一幅鮫綃帕兒，裹着個金盒子。〔淨接作開看介〕咦，黑黑的黃黃的薄片兒，聞着又有些香，莫不是耍藥麼？〔小生笑介〕是香茶。〔丑〕待我嘗一嘗。〔淨爭吃，各吐介〕呸！稀苦的，吃他怎麼！〔小生作收介〕罷了，大家再往前去。〔行介〕〔合〕蜂蝶閒相趁，柳迎花引，望龍樓倒瀉曲江將近。

〔小生、淨先下，丑弔場叫介〕你們等我一等。阿呀，尿急了，且在這裡打個沙窩兒去。〔下〕〔老旦、貼、雜引院子、梅香行上〕

【漿水令】撲衣香，花香亂熏；雜鶯聲，笑聲細聞。看楊花雪落覆白蘋，雙雙青鳥，銜墮紅巾。春光好，過二分，遲遲麗日催車進。〔院〕稟夫人，到曲江了。〔老旦〕丞相爺在那裡？〔院〕萬歲爺在望春宮，丞相爺先到那邊去了。〔老旦、雜、貼作下車介〕你看果然好風景也！環曲岸，環曲岸，紅酣綠勻。臨曲水，臨曲水，柳細蒲新。

〔丑引小內侍、控馬上〕「敕傳玉勒桃花馬，騎坐金泥蛺蝶裙。」〔見介〕皇上口敕：韓、秦二國夫人，賜宴別殿。虢國夫人，即令乘馬入宮，陪楊娘娘飲宴。〔老旦、雜、貼跪介〕萬歲！〔起介〕〔丑向貼介〕就請夫人上馬。〔貼〕

【尾聲】內家官，催何緊。姐姐妹妹，偏背了春風獨近。〔老旦、雜〕不枉你淡掃蛾眉朝至尊。

〔貼乘馬，丑引下〕〔雜〕你看裴家姐姐，竟自揚鞭去了。〔老旦〕且自由他。〔梅香〕請夫人別殿裏上宴。

紅桃碧柳禊堂春，沈佺期　〔老旦〕一種佳遊事也均。張謂　〔雜〕願奉聖情歡不極，武平一　〔合〕向風偏笑豔陽人。杜牧

第六齣　傍訝

【中呂過曲】【縷縷金】〔丑上〕歡遊罷，駕歸來。西宮因個甚，惱君懷？敢為春筵畔，風流尷尬，怎一場樂事陡成乖？教人好疑怪，教人好疑怪。

前日萬歲爺同楊娘娘遊幸曲江，歡天喜地。不想昨日娘娘忽然先自回宮，萬歲爺今日纔回，聖情十分不悅。未知何故？遠遠望見永新姐來了，咱試問他。〔老旦上〕

【前腔】宮幃事，費安排。雲翻和雨覆，驀地鬧陽臺。〔丑見介〕永新姐，來得恰好。我問你，萬歲爺為何不到楊娘娘宮中去？〔老〕唉，公公，你還不知麼！兩下參商後，裝幺作態。〔丑〕為着甚來？〔老〕只為並頭蓮傍有一枝開。〔丑〕是那一枝呢？〔老笑介〕公公，你聰明人自參解，聰明人自參解。

〔丑笑介〕咱那裡得知！永新姐，你可說與我聽。〔老〕若說此事，原是我娘娘自已惹下的。〔丑〕為何？〔老〕只為娘娘把那虢國夫人呵，

【剔銀燈】常則向君前喝采，妝梳淡，天然無賽。那日在望春宮，教萬歲召他侍宴。三杯之後，便暗中築座連環寨，哄結上同心羅帶。〔丑拍手笑介〕阿呀，咱也疑心有此。卻為何煩惱哩？〔老〕後來娘娘恐怕奪了恩寵，因此上嫌猜。恩情頓乖，熱打對鴛鴦散開。〔丑〕原來虢國夫人，在望春宮有了言語，纔回去的。〔老〕便是。那虢國夫人去時，我娘娘不曾留得。萬歲爺好生不快，今日竟不進西宮去了。娘娘在那裡只是哭哩。〔丑〕咱想楊娘娘呵，

【前腔】嬌痴性，天生忒利害。前時逼得個梅娘娘，直遷置樓東無奈。如今這虢國夫人，是自家的妹子，須知道連枝同氣情非外，怎這點兒也難分愛。〔老〕這且休提。只是往常，萬歲爺與娘娘行坐不離，如今兩下不相見面，怎生是好？〔丑〕吾儕、如何布擺，

且和你從旁看來。

〔內〕有旨宣高公公。〔丑〕來了。

狎宴臨春日正遲，韓偓 〔老旦〕寵深還恐寵先衰。羅虬 〔丑〕外頭笑語中猜忌，陸龜蒙 〔老旦〕若問傍人那得知！崔顥

第七齣　倖恩

【商調引子】【繞池遊】〔貼上〕瑤池陪從，何意承新寵？怪青鸞把人和哄，尋思萬種。這其間無端嗽動，奈謠諑蛾眉未容。

「玉燕輕盈弄雪輝，杏梁偷宿影雙依。趙家姊妹多相妒，莫向昭陽殿裡飛。」奴家楊氏，幼適裴門。琴斷朱絃，不幸文君早寡；香含青瑣，肯容韓掾輕偷？以妹玉環之寵，叨膺虢國之封。雖居富貴，不愛鉛華。敢誇絕世佳人，自許朝天素面。不想前日駕幸曲江，敕陪遊賞。諸姊妹俱賜宴於外，獨召奴家，到望春宮侍宴。遂蒙天眷，勉爾承恩。聖意雖濃，人言可畏。昨日要奴同進大內，再四辭歸。仔細想來，好僥倖人也。

【商調過曲】【字字錦】恩從天上濃，緣向生前種。金籠花下開，巧賺娟娟鳳。燭花紅，只見弄盞傳杯，傳杯處，驀自裡話兒唧噥。匆匆，不容宛轉，把人央入帳中。思量帳中，帳中歡如夢。綢繆處，兩心同。綢繆處，兩心暗同。奈朝來背地，有人在那裡，人在那裡，妝模作樣，言言語語，譏譏諷諷。咱這裡羞羞澀澀，驚驚恐恐，直恁被他摶弄。

【不是路】〔末扮院子、副淨扮梅香暗上〕〔老旦引外扮院子，丑扮梅香上〕吹透春風，戚畹花開別樣穠。前日裴家妹子獨承恩幸。我約柳家妹子，同去打覷一番。不料他氣的病了，因此獨自前去。〔外〕稟夫人到虢府了。〔老旦〕通報去。〔外報介〕〔末傳介〕韓國夫人到。〔貼〕道有請。〔副淨請介〕〔外、末暗下〕〔貼出，迎老旦進介〕〔貼〕姊姊請。〔副淨、丑諢下〕〔老旦〕妹妹喜也。〔貼〕有何喜來？〔老旦〕邀殊寵，一枝已傍日邊紅。〔貼作羞介〕姊姊，說那裡話！我進離宮，也不過杯酒相陪奉，湛露君恩內外同。〔老旦笑介〕雖則一般賜宴，外邊怎及裡邊。休調哄，九重春色偏知重，有誰能共？〔貼〕有何難共？

〔老旦〕我且問你，看見玉環妹妹，在宮光景如何？

【滿園春】〔貼〕春江上，景融融。催侍宴，望春宮。那玉環妹妹呵，新來倚貴添尊重。〔老旦〕不知皇上與他怎生恩愛？〔貼〕春宵裡，春宵裡，比目兒和同。誰知得雨雲蹤？〔老旦〕難道一些不覺？〔貼〕只見玉環妹妹的性兒，越發驕縱了些。細窺他個中，漫參他意中，使慣嬌憨。慣使嬌憨，尋瘢索綻，一謎兒自逞心胸。

【前腔】〔換頭〕〔老旦〕他自小性兒是這般的，妹妹，你還該勸他纔是。〔貼〕那個耐煩勸他？〔老旦〕他情性多驕縱，恃天生百樣玲瓏，姊妹行且休傍作誦。況他近日呵，昭陽內，昭陽內，一人獨占三千寵。問阿誰能與競雌雄？〔貼〕誰與他爭，只是他如此性兒，恐怕君心不測！〔老旦起，背介〕細聽裴家妹子之言，必有緣故。細窺他個中，漫參他意中，使恁驕嗔。恁使驕嗔，藏頭露尾，敢別有一段心胸！

〔末上〕「意外聞嚴旨，堂前報貴人。」〔見介〕稟夫人，不好了。貴妃娘娘忤旨，聖上大怒，命高公公送歸丞相府中了。

〔老旦驚介〕有這等事！〔貼〕我說這般心性，定然惹下事來。〔老旦〕雖然如此，我與你姊妹之情，且是關係大家榮辱，須索前去看他纔是！〔貼〕正是，就請同行。〔老旦〕

【尾聲】忽聞嚴譴心驚恐，〔貼〕整香車同探吉凶。姊姊，那玉環妹妹，可不被梅妃笑殺也！〔合〕倒不如冷淡梅花仍開紫禁中！

〔貼〕傳聞闕下降絲綸，劉長卿 〔老旦〕出得朱門入戟門。賈島 〔貼〕何必君恩能獨久，喬知之 〔老旦〕可憐榮落在朝昏。李商隱

第八齣　獻髮

〔副淨急上〕「天有不測風雲，人有旦夕禍福。」下官楊國忠，自從妹子冊立貴妃，權勢日盛。不想今早忽傳貴妃忤旨，被譴出宮，命高內監單車送到門來。未知何故？好生驚駭！且到門前迎接去。〔暫下〕

【仙呂過曲】【望吾鄉】〔丑引旦乘車上〕無定君心，恩光那處尋？蛾眉忽地遭擯窨，思量就裡知他怎？棄擲何偏甚！長門隔，永巷深，回首處，愁難禁。

〔副淨上，跪接介〕臣楊國忠迎接娘娘。〔丑〕丞相，快請娘娘進府，咱家還有話說。〔副〕院子，分付丫鬟每，迎接娘娘到後堂去。〔丫鬟上，扶旦下車，擁下〕〔副淨揖丑介〕老公公請坐，不知此事因何而起？〔丑〕娘娘呵，

【一封書】君王寵最深，冠椒房專侍寢。昨日呵，無端忤聖心，驟然間商與參。丞相不要怪咱家多口，娘娘呵，生性嬌痴多習慣，未免嫌疑生抱衾。〔副淨〕如今謫遣出來，怎生是好？〔丑〕丞相且到朝門謝罪，相機而行。〔副淨〕老公公，全仗你進規箴，悟當今。

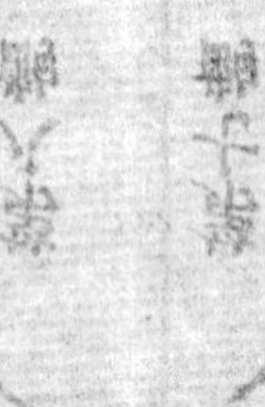

〔丑〕這個自然。〔合〕管重取宮花入上林。

〔丑〕就此告別。〔副淨〕下官同行。〔向內介〕分付丫鬟，好生伺候娘娘。〔內應介〕〔副淨〕「烏鴉與喜鵲同行，吉凶事全然未保。」〔同丑下〕

【中呂引子】【行香子】〔旦引梅香上〕乍出宮門，未定驚魂，漬愁妝滿面啼痕。其間心事，多少難論。但惜芳容，憐薄命，憶深恩。

「君恩如水付東流，得寵憂移失寵愁。莫向樽前奏『花落』，涼風只在殿西頭。」我楊玉環，自入宮闈，過蒙寵眷。只道君心可托，百歲為歡。誰想妾命不猶，一朝逢怒。遂致促駕宮車，放歸私第。金門一出，如隔九天。〔淚介〕天那，禁中明月，永無照影之期；苑外飛花，已絕上枝之望。撫躬自悼，掩袂徒嗟。好生傷感人也！

【中呂過曲】【榴花泣】【石榴花】羅衣拂拭，猶是御香熏，向何處謝前恩。想春遊春從曉和昏，【泣顏回】豈知有斷雨殘雲？我含嬌帶嗔，往常間他百樣相依順，不隄防為着橫枝，陡然把連理輕分。

丫鬟，此間可有那裡望見宮中？〔梅〕前面御書樓上，西北望去，便是宮墻了。〔旦〕你隨我樓上去來。〔梅〕曉得。〔旦登樓介〕

「西宮渺不見，腸斷一登樓。」〔梅指介〕娘娘，這一帶黃設設的琉璃瓦，不是九重宮殿麽？〔旦作淚介〕

【前腔】憑高灑淚，遙望九重閽，咫尺裡隔紅雲。歎昨宵還是鳳幃人，冀回心重與溫存。天乎，太忍，未白頭，先使君恩盡。〔梅指介〕呀，遠遠望見一個公公，騎馬而來，敢是召娘娘哩！〔旦歎介〕料非他丹鳳銜書，多又恐烏鴉傳信。

〔旦下樓介〕〔丑上〕「暗將懷舊意，報與失歡人。」〔見介〕高力士叩見娘娘。〔旦〕高力士，你來怎麽？〔丑〕奴婢恰纔覆旨，萬歲爺細問娘娘回府光景，似有悔心。現今獨坐宮中，長吁短歎，一定是思想娘娘。因此特來報知。〔旦〕唉，那裡還想着我！

〔丑〕奴婢愚不諫賢，娘娘未可太執意了。倘有什麼東西，付與奴婢，乘間進上。或者感動聖心，也未可知。〔旦〕高力士，你教我進什麼東西去好？〔想介〕

【喜漁燈犯】【喜漁燈】思將何物傳情悃，可感動君？我想一身之外，皆君所賜，算只有愁淚千行，作珍珠亂滾；又難穿成金縷，把雕盤進。哦，有了，【剔銀燈】這一縷青絲香潤，曾共君枕上並頭相偎襯，曾對君鏡裡撩雲。丫鬟，取鏡臺金剪過來。〔梅應取上介〕

〔旦解髮介〕哎，頭髮，頭髮！【漁家傲】可惜你伴我芳年，剪去心兒未忍。只為欲表我衷腸。〔作剪髮介〕剪去心兒自憫。〔作執髮起，哭介〕頭髮，頭髮！【喜漁燈】全仗你寄我殷勤。〔拜介〕我那聖上呵，奴身，止鬖鬖髮數根，這便是我的殘絲斷魂。

〔起介〕高力士，你將去與我轉奏聖上。〔哭介〕說妾罪該萬死，此生此世，不能再睹天顏！謹獻此髮，以表依戀。〔丑跪接髮搭肩上介〕娘娘請免愁煩，奴婢就此去了。「好憑縷縷青絲髮，重結雙雙白首緣。」〔下〕〔旦坐哭介〕〔老旦、貼上〕

【榴花燈犯】【剔銀燈】聽說是貴妃妹忤君。【石榴花】聽說是返家門，【普天樂】聽說是失勢兄憂悃，聽說是中官至，未審何云？

〔進介〕貴妃娘娘那裡？〔梅〕韓、虢二國夫人到了。〔旦作哭不語介〕〔老旦、貼見介〕〔老旦〕貴妃請免愁煩。〔同哭介〕〔貼〕前日在望春宮，皇上十分歡喜，為何忽有此變？【漁家傲】我只道萬歲千秋歡無盡，【尾犯序】我只道任伊行笑顰，【石榴花】我只道縱差池，誰和你評論！〔老旦〕裴家妹子，【錦纏道】休只管閒言絮陳。貴妃，你逢薄怒其中有甚根因？〔旦作不理介〕〔貼〕貴妃，你莫怪我說，【剔銀燈】自來寵多生嫌釁，可知道秋葉君恩？恁為人，怎趨承至尊？〔老旦合〕【雁過聲】姊妹每情切來相問，為甚麼耳畔噥噥，總似不聞！〔旦〕

【尾聲】秋風團扇原吾分，多謝連枝特過存。總有萬語千言，只在心上忖。

〔竟下〕〔貼〕姊姊，你看這個樣子，如何使得？〔老旦〕正是，我每特來看他，他心上有事，竟自進房去了。妹子，你再到望春宮時，休要學他。〔貼羞介〕啐！

今朝忽見下天門，張籍〔老旦〕相對那能不愴神。廖匡圖〔貼〕冷眼靜看真好笑，徐夤〔老旦〕中含芒刺欲傷人。陸龜蒙

第九齣　復召

【南呂引子】【虞美人】〔生上〕無端惹起閒煩惱，有話將誰告？此情已自費支持，怪殺鸚哥不住向人提。

「輦路生春草，上林花滿枝。憑高何限意，無復侍臣知。」寡人昨因楊妃嬌妒，心中不忿，一時失計，將他遣出。誰想佳人難得，自他去後，觸目總是生憎，對景無非惹恨。那楊國忠入朝謝罪，寡人也無顏見他。〔嘆介〕咳，欲待召取回宮，卻又難於出口，若是不召他來，教朕怎生消遣，好刮劃不下也！

【南呂過曲】【十樣錦】【繡帶兒】春風靜，宮簾半啟，難消日影遲遲。聽好鳥猶作歡聲，睹新花似鬥容輝。追悔，【宜春令】悔殺咱一剗兒粗疏，不解他十分的嬌殢。枉負了憐香惜玉，那些情致。〔副淨扮內監上〕「膾下玉盤紅縷細，酒開金甕綠醅濃。」〔跪

見介〕請萬歲爺上膳。〔生不應介〕〔副淨又請介〕〔生惱介〕唗，誰着你請來！〔副淨〕萬歲爺自清晨不曾進膳，後宮傳催排膳伺候。〔生〕唗，甚麼後宮！叫內侍。〔二內侍應上〕〔生〕揣這廝去打一百，發入淨軍所去。〔內侍〕領旨。〔同揣副淨下〕〔生〕哎，朕在此想念妃子，卻被這廝來攪亂一番。好煩惱也！【降黃龍換頭】思伊，縱有天上瓊漿，海外珍饈，知他甚般滋味！除非可意立向跟前，方慰調饑。〔淨扮內監上〕「尊前綺席陳歌舞，花外紅樓列管絃。」〔見跪介〕請萬歲爺沉香亭上飲宴，聽賞梨園新樂。〔生〕唗，說甚沉香亭，好打！〔淨叩頭介〕非干奴婢之事，是太子諸王，說萬歲爺心緒不快，特請消遣。〔生〕唗，我心緒有何不快！叫內侍。〔內侍應上〕〔生〕揣這廝去，打一百，發入惜薪司當火者去。〔內侍〕領旨。〔同揣淨下〕〔生〕內侍過來。〔內侍應上〕〔生〕着你二人看守宮門，不許一人擅入，違者重打。〔內侍〕領旨。〔作立前場介〕〔生〕唉，朕此時有甚心情，還去聽歌飲酒。【醉太平】想亭際、憑闌仍是玉闌干，問新妝有誰同倚？就有新聲呵，知音人逝，他鵾絃絕響，我玉笛羞吹。〔丑肩搭髮上〕【浣溪紗】離別悲，相思意，兩下裡抹媚誰知！我從旁參透個中機，要打合鸞凰在一處飛。〔見內侍介〕萬歲爺在那裡？〔內侍〕獨自坐在宮中。〔丑欲入，內侍攔介〕〔丑〕你怎麼攔阻咱家？〔內侍〕萬歲爺十分着惱，把進膳的連打了兩個，特着我每看守宮門，不許一人擅入。〔丑〕原來如此，咱家且候着。〔生〕朕委無聊賴，且到宮門外閒步片時。〔行介〕看一帶瑤階依然芳草齊，不見蹴裙裾，珠履追隨。〔丑望介〕萬歲爺出來了，咱且閃在門外，覷個機會。〔虛下、即上聽介〕〔生〕寡人在此思念妃子，不知妃子又怎生思念寡人哩！早間問高力士，他說妃子出去，淚眼不乾，教朕寸心如割。這半日間，無從再知消息。高力士這廝，也竟不到朕跟前，好生可惡！〔丑見介〕奴婢在這裡。〔生〕〔作看丑介〕〔生〕高力士，你肩上搭的甚麼東西？〔丑〕是楊娘娘的頭髮。〔生笑介〕什麼頭髮？〔丑〕娘娘說道：自恨愚昧，上忤聖心，罪應萬死。今生今世，不能夠再睹天顏。特剪下這頭髮，着奴婢獻上萬歲爺，以表依戀之意。〔獻髮介〕〔生執髮看，哭介〕哎喲，我那妃子呵！【啄木兒】記前宵枕邊聞香氣，到今朝剪卻和愁寄。覷青絲，腸斷魂迷。想寡人與妃子，恩情中斷，就似這頭髮也。一霎裡落金刀，長辭雲髻。〔丑〕萬歲爺！【鮑老催】請休慘悽，奴婢想楊娘娘既蒙恩幸，萬歲爺何惜宮中片席之地，乃使淪落外邊！春風肯教天上回，名花便從苑外移。〔生作想介〕只是寡人已經放出，怎好召還？〔丑〕有罪放出，悔過召還，正是聖主如天之度。〔生點頭介〕〔丑〕況今早單車送出，纔是黎明，此時天色已暮，開了安慶坊，從太華宅而入，外人誰得知之。〔叩頭介〕乞鑒原，賜迎歸，無淹滯。穩情取一笑愁城自解圍。〔生〕高力士，就着你迎取貴妃回宮便了。〔丑〕領旨。〔下〕〔生〕咳，妃子來時，教寡人怎生相見也！【下小樓】喜得玉人歸矣，又愁他慣嬌嗔，背面啼，那時將何言語飾前非！罷，罷，這原是寡人不是，拚把百般親媚，酬他半日分離。

〔丑同內侍、宮女紗燈引旦上〕【雙聲子】香車曳，香車曳，穿過了宮槐翠。紗籠對，紗籠對，掩映着宮花麗。〔內侍、宮女下〕

〔丑進報介〕楊娘娘到了。〔生〕快宣進來。〔丑〕領旨。楊娘娘有宣。〔旦進見介〕臣妾楊氏見駕，死罪，死罪！〔俯伏介〕〔生〕平身。〔丑暗下〕〔旦跪泣介〕臣妾無狀，上干天譴。今得重睹聖顏，死亦瞑目。〔生同泣介〕妃子何出此言？〔旦〕【玉漏遲序】念臣妾如山罪累，荷皇恩如天容庇。今自艾，願承魚貫，敢妒蛾眉？

〔生扶旦起介〕寡人一時錯見，從前的話，不必再提了。〔旦泣起介〕萬歲！〔生攜旦手與旦拭淚介〕

【尾聲】從今識破愁滋味，這恩情更添十倍。妃子，我且把這一日相思訴與伊！

〔宮娥上〕西宮宴備，請萬歲爺、娘娘上宴。

〔生〕陶出真情酒滿尊，李中　〔旦〕此心從此更何言。羅隱　〔生〕別離不慣無窮憶，蘇頲　〔旦〕重入椒房拭淚痕。柳公權

第十齣　疑讖

〔外扮郭子儀將巾、佩劍上〕「壯懷磊落有誰知，一劍防身且自隨。整頓乾坤濟時了，那回方表是男兒。」自家姓郭名子儀，本貫華州鄭縣人氏。學成韜略，腹滿經綸。要思量做一個頂天立地的男兒，幹一樁定國安邦的事業。今以武舉出身，到京謁選。正值楊國忠竊弄威權，安祿山濫膺寵眷。把一個朝綱，看看弄得不成模樣了。似俺郭子儀，未得一官半職，不知何時，纔得替朝廷出力也呵！

【商調集賢賓】論男兒壯懷須自吐，肯空向杞天呼？笑他每似堂間處燕，有誰曾屋上瞻烏！不提防柙虎樊熊，任縱橫社鼠城狐。幾回家聽雞鳴，起身獨夜舞。想古來多少乘除，顯得個勛名垂宇宙，不爭便姓字老樵漁！

且到長安市上，買醉一回。〔行科〕

【逍遙樂】向天街徐步，暫遣牢騷，聊寬逆旅。俺則見來往紛如，鬧昏昏似醉漢難扶，那裡有獨醒行吟楚大夫！俺郭子儀呵，待覓個同心伴侶，悵釣魚人去，射虎人遙，屠狗人無。

第十齣

長生殿

八

中國古典四大名劇

〔下〕〔丑扮酒保上〕「我家酒鋪十分高，罰誓無賒掛酒標。只要有錢憑你飲，無錢滴水也難消。」小子是這長安市上，新豐館大酒樓，一個小二哥的便是。俺這酒樓，在東、西兩市中間，往來十分熱鬧。凡是京城內外，王孫公子，官員市戶，軍民百姓，沒一個不到俺樓上來吃三杯。也有吃寡酒的，吃案酒的，買酒去的，包酒來的，打發個不了。道猶未了，又一個吃酒的來也。〔外行上〕

【上京馬】遙望見綠楊斜靠畫樓隅，滴溜溜一片青簾風外舞，怎得個燕市酒人來共沽！〔喚科〕酒家有麼？〔丑迎科〕客官，請樓上坐。

〔外作上樓科〕是好一座酒樓也。敞軒窗，日朗風疏。見四周遭粉壁上，都畫着醉仙圖。

〔丑〕客官自飲，還是待客？〔外〕獨飲三杯，有好酒呵取來。〔丑〕有好酒。〔取酒上科〕酒在此。〔內叫科〕小二哥，這裡來。〔丑應忙下〕〔外飲酒科〕

【梧葉兒】俺非是愛酒的閒陶令，也不學使酒的莽灌夫，一謎價痛飲興豪粗。撐着這醒眼兒誰偢睬？問醉鄉深可容得吾？聽街市恁喳呼，偏冷落高陽酒徒。

〔作起看科〕〔老旦扮內監，副淨、末、淨扮官，各吉服，雜捧金幣，牽羊擔酒隨行上，繞場下〕〔丑捧酒上〕客官，熱酒在此。

〔外〕酒保，我問你咱，這樓前那些官員，是往何處去來？〔丑〕客官，你一面吃酒，我一面告訴你波。只為國舅楊丞相，並韓國、虢國、秦國三位夫人，萬歲爺各賜造新第。在這宣陽里中，四家府門相連，俱照大內一般造法。這一家造來，要勝似那一家的；那一家造來，又要賽過這一家的。若見那家造得華麗，這家便拆毀了，重新再造。定要與那家一樣，方纔住手。一座廳堂，足費上千萬貫錢鈔。今日完工，因此合朝大小官員，都備了羊酒禮物，前往各家稱賀。打從這裡過去，〔外驚科〕哦，有這等事！

〔丑〕待我再去看熱酒來波。〔下〕〔外嘆科〕呀，外戚寵盛，到這個地位，如何是了也！

【醋葫蘆】怪私家恁僭竊，競豪奢，誇土木。一班兒公卿甘作折腰，趨爭向權門如市附。再沒有一個人呵，把輿情向九重分訴。可知他朱甍碧瓦，總是血膏塗！

〔起科〕心中一時忿懣，不覺酒湧上來，且向四壁閒看一回。〔作看科〕這壁廂細字數行，有人題的詩句。我試覷波。〔作看念科〕

「燕市人皆去，函關馬不歸。若逢山下鬼，環上繫羅衣。」呀，這詩是好奇怪也！

【幺篇】我這裡停睛一直看，從頭兒逐句讀。細端詳，詩意少禎符。且看是什麼人題的？〔又看念科〕李遐周題。〔作想科〕李遐周，這名字好生識熟！哦，是了，我聞得有個術士李遐周，能知過去未來，必定就是他了。多則是就裡難言藏讖語，猜詩謎杜家何處？早難道醉來墻上信筆亂鴉塗！

〔內作喧鬧科〕〔外喚科〕酒保那裡？〔丑上〕客官，做甚麼？〔外〕樓下為何又這般喧鬧？〔丑〕客官，你靠着這窗兒，往下看去就是。〔外看科〕〔淨王服、騎馬，頭踏職事前導引上，繞場行下科〕〔外〕那是何人？〔丑笑指科〕客官，你不見他那個大肚皮麼？這人姓安名祿山。萬歲爺十分寵愛他，把御座的金雞步障，都賜與他坐過，今日又封他做東平郡王。方纔謝恩出朝，賜歸東華門外新第，打從這裡經過。〔外驚怒科〕呀，這、這就是安祿山麼？有何功勞，遽封王爵？唉，我看這廝面有反相，亂天下者，必此人也！

【金菊香】見了這野心雜種牧羊的奴，料蜂目豺聲定是狡徒。怎把個野狼引來屋裡居？怕不將題壁詩符？更和那私門貴戚，一例逞妖狐。

〔丑〕客官，為甚事這般着惱來？〔外〕

【柳葉兒】哎，不由人冷颼颼衝冠髮豎，熱烘烘氣夯胸脯，咭噹噹把腰間寶劍頻頻覷。〔丑〕客官，請息怒，再與我消一壺波。〔外〕呀，便教俺傾千盞，飲盡了百壺，怎把這重沉沉一個愁擔兒消除！

〔作起身科〕不吃酒了，收了這酒錢去者。〔丑作收科〕「別人來三杯和萬事，這客官一氣惹千愁。」〔下〕〔外作下樓、轉行科〕我且回到寓中去波。

【浪來裏】見着那一椿椿傷心的時事迮，湊着那一句句感時的詩讖伏，怕天心人意兩難摸，好教俺費沉吟，跐踏地將眉對蹙。看滿地斜陽欲暮，到蕭條客館，兀自意躊躕。

〔作到寓進坐科〕〔副淨扮家將上〕〔見科〕稟爺，朝報到來。〔外看科〕「兵部一本：為除授官員事。奉聖旨，郭子儀授為天德軍使。欽此。」原來旨意已下，索早收拾行李，即日上任去者。〔副淨應科〕〔外〕俺郭子儀雖則官卑職小，便可從此報效朝廷也呵！

【高過隨調煞】赤緊似尺水中展鬣鱗，枳棘中拂毛羽。且喜奮雲霄有分上天衢。直待的把乾坤重整頓，將百千秋第一等勛業圖。縱有妖氛孽蠱，少不得肩擔日月，手把大唐扶。

馬蹄空踏幾年塵，胡宿　長是豪家據要津。司空圖　卑散自應霄漢隔，王建　不知憂國是何人？呂溫

第十一齣　聞樂

【南呂引子】【步蟾宮】〔老旦扮嫦娥，引仙女上〕清光獨把良宵占，經萬古纖塵不染。散瑤空，風露灑銀蟾，一派仙音微颭。

「藥搗長生離劫塵，清妍面目本來真。雲中細看天香落，仍倚蒼蒼桂一輪。」吾乃嫦娥是也，本屬太陰之主，浪傳後羿之妻。七寶團圞，周三萬六千年內；一輪皎潔，滿一千二百里中。玉兔、金蟾，產結長明至寶；白榆、丹桂，種成萬古奇葩。向有「霓裳羽衣」仙樂一部，久秘月宮，未傳人世。今下界唐天子，知音好樂。他妃子楊玉環，前身原是蓬萊玉妃，曾經到此。不免召他夢魂，重聽此曲。使其醒來記憶，譜入管絃。竟將天下仙音，留作人間佳話。卻不是好！寒簧過來。〔貼〕有。〔老旦〕你可到唐宮之內，引楊玉環夢魂到此聽曲。曲終之後，仍舊送回。〔貼〕領旨。〔老旦〕「好憑一枕遊仙夢，暗授千秋法曲音。」

〔引丑下〕〔貼〕奉着娘娘之命，不免出了月宮，到唐宮中走一遭也。〔行介〕

【南呂過曲】【梁州序犯】【本調】明河斜映，繁星微閃。俯將塵世遙覘，只見空濛香霧。早離卻玉府清嚴，一任珮搖風影，衣動霞光，小步紅雲墊。待將天上樂，授宮襜，密召芳魂入彩蟾。來此已是唐宮之內。【賀新郎】你看魚鑰閉，龍帷掩，那楊妃呵，似海棠睡足增嬌豔。【本序尾】輕喚起，擁冰簟。

〔喚介〕楊娘娘起來。〔旦扮夢中魂上〕

【漁燈兒】恰纔的追涼後，雨困雲淹。暢好是酣眠處，粉膩黃黏。〔貼〕娘娘有請。〔旦〕呀，深宮之內，簷下何人叫喚？悄沒個宮報，輕來畫簷。〔貼〕娘娘快請。〔旦作倦態欠身介〕我嬌怯怯朦朧身欠，慢騰騰待自起開簾。

〔作出見貼介〕呀，原來是一個宮人！〔貼〕

【前腔】俺不是隸長門，帚奉曾嫌；〔旦〕不是宮人，敢是別院的美人？〔貼〕俺不是列昭容，御座曾瞻。〔旦〕這等你是何人？〔貼〕兒家月中侍兒，名喚寒簧，則俺的名在瑤宮月殿僉。〔旦驚介〕原來是月中仙子，何因到此？〔貼〕恰纔奉姮娥口敕親傳點，請娘娘到桂宮中花下消炎。

〔旦〕哦，有這等事！〔貼〕娘娘不必遲疑。兒家引導，就請同行。〔引旦行介〕〔合〕

【錦漁燈】指碧落，足下雲生冉冉；步青霄，聽耳中風弄纖纖。乍凝眸，星斗垂垂似可拈，早望見爛輝輝宮殿影在鏡中潛。

〔旦〕呀，時當仲夏，為何這般寒冷？〔貼〕此即太陰月府，人間所傳廣寒宮者是也。就請進去。〔旦喜介〕想我濁質凡姿，今夕得到月府，好僥倖也。〔作進看介〕

【錦上花】清遊勝，滿意恢。〔想介〕這些景物都似曾見過來！環玉砌，繞碧簷，依稀風景漫猜嫌。那壁桂花開的恁早！〔貼〕此乃月中丹桂，四時常茂，花葉俱香。〔旦看介〕果然好花也。看不足，喜更添。金英綴，翠葉兼。氤氳芳氣透衣縑，人在桂陰潛。

〔內作樂介〕〔旦〕你看一群仙女，素衣紅裳，從桂樹下奏樂而來，好不美聽。〔貼〕此乃《霓裳羽衣》之曲也。〔雜扮仙女四人、六人或八人，白衣、紅裙、錦雲肩、瓔珞、飄帶，各奏樂，唱，繞場行上介〕〔旦貼旁立看介〕衆〔衆〕

【錦中拍】攜天樂，花叢鬥拈，拂霓裳露沾。迴隔斷紅塵荏苒，直寫出瑤臺清豔。縱吹彈舌尖、玉纖，韻添；驚不醒人間夢魘，停不駐天宮漏籤。一枕遊仙，曲終聞鹽，付知音重翻檢。

〔同下〕〔旦〕妙哉此樂！清高宛轉，感我心魂，真非人間所有也！

【錦後拍】縹緲中，簇仙姿，宛曾覘。聽徹清音意厭厭，數琳瑯琬琰；數琳瑯琬琰，一字字偷將鳳鞋輕點，按宮商掐記指兒尖。暈羞臉，枉自許舞嬌歌豔，比着這鈞天雅奏多是歉。

請問仙子，願求月主一見。〔貼〕要見月主還早。天色漸明，請娘娘回宮去罷。

【尾聲】你攀蟾有路應相念，〔旦〕好記取新聲無欠，〔貼〕只誤了你把枕上君王半夜兒閃。

〔旦下〕〔貼〕楊妃已回唐宮，我索向月主娘娘覆旨則個。

碧瓦桐軒月殿開，曹唐　還將明月送君回。丁仙芝　鈞天雖許人間聽，李商隱　卻被人間更漏催。黃滔

第十二齣　製譜

【仙呂過曲】【醉羅歌】【醉扶歸】〔老旦上〕西宮纔奉傳呼罷，安排水榭要清佳。慢捲晶簾散朝霞，玉鉤卻映初陽掛。奴家永

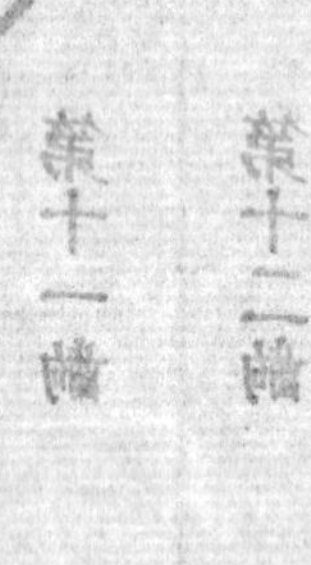

新是也。與念奴妹子同在西宮，承應貴妃楊娘娘。我娘娘再入宮闈，萬歲爺更加恩幸。真乃「三千寵愛在一身，六宮粉黛無顏色」。今早娘娘分付，收拾荷亭，要製曲譜。念奴妹子在那裡伏侍曉妝，奴家先到此間，不免將文房四寶，擺設起來。【皂羅袍】你看筆床初拂，光分素剳，硯池新注，香浮墨華——綠陰深處多幽雅。【排歌尾】竹風引，荷露灑，對波紋簾影弄參差。

呀，蘭麝香飄，珮環風定，娘娘早則到也。〔旦引貼上〕

【正宮引子】【新荷葉】幽夢清宵度月華，聽霓裳羽衣歌罷。醒來音節記無差，擬翻新譜消長夏。

「鬥畫長眉翠淡濃，遠山移入鏡當中。曉窗日射胭脂頰，一朵紅酥旋欲融。」我楊玉環自從截髮感君之後，荷寵彌深。只有梅妃《驚鴻》一舞，聖上時常誇獎。思欲另製一曲，掩出其上。正在推敲，昨夜忽然夢入月宮。見桂樹之下，仙女數人，素衣紅裳，奏樂甚美。醒來追憶，音節宛然。因此分付永新，收拾荷亭，只待細配宮商，譜成新曲。〔老旦〕啟娘娘：紙、墨、筆、硯，已安排齊備了。〔旦〕你與念奴一同在此伺候。〔老旦、貼應，作打扇、添香介〕〔旦作製譜介〕

【正宮過曲】【刷子帶芙蓉】【刷子序】荷氣滿窗紗，鸞箋慢伸，犀管輕拏，待譜他月裡清音，細吐我心上靈芽。這聲調雖出月宮，其間轉移過度，細微曲折之處，須索自加細審。安插，一字字要調停如法，一段段須融和入化。這幾聲尚欠調勻，拍侜怎下？〔內作鶯啼，旦執筆聽介〕呀，妙阿！〔作改介〕【玉芙蓉】聽宮鶯數聲，恰好應紅牙。

〔擱筆介〕譜已製完，永新，是什麼時候了？〔老旦〕晌午了。〔旦〕萬歲爺可曾退朝？〔老旦〕尚未。〔旦〕永新，且隨我更衣去來。念奴在此，伺候萬歲爺到時，即忙通報。〔貼〕領旨。〔旦〕「好憑晚鏡增蛾翠，漫試香紗換蝶衣。」〔引老旦隨下〕〔生行上〕

【漁燈映芙蓉】【山漁燈】散千官，朝初罷。擬對玉人，長晝閒話。寡人方纔回宮，聽說妃子在荷亭上，因此一徑前來。依流水待覓胡麻，把銀塘路踏。〔作到介〕〔貼見介〕呀，萬歲爺到了。〔生〕念奴，你娘娘在何處閒歡耍，怎堆香几，有筆硯交加？〔貼〕娘娘在此製譜，方纔更衣去了。〔生〕妃子，妃子！美人韻事，被你都占盡也。但不知製甚曲譜，待寡人看來。〔作坐翻看介〕消詳，從頭覷咱。妙哉，只這錦字熒熒銀鉤小，更度羽換宮沒半米差。好奇怪，這譜連寡人也不知道。細按音節，不是人間所有，似從天下，果曲高和寡。妃子，不要說你聘婷絕世，只這一點靈心，有誰及得你來？【玉芙蓉】恁聰明，也堪壓倒上陽花。

【普天賞芙蓉】【普天樂】〔旦換妝，引老旦上〕換輕妝，多幽雅；試生綃，添瀟灑。〔見生介〕臣妾見駕。〔生扶介〕妃子坐了。

〔坐介〕〔生〕妃子，看你晚妝新試，嫵媚益增。似迎風裊裊楊枝，宛凌波濯濯蓮花。芳蘭一朵斜把雲鬟壓，越顯得龐兒風流煞。〔旦〕陛下今日退朝，因何恁晚？〔生〕只為靈武太守員缺，地方緊要，與廷臣議了半日，難得其人。朕特擢郭子儀，補授此缺，因此退朝遲了。〔旦〕妾候陛下不至，獨坐荷亭，愛風來一弄明紗，閒學譜新聲奏雅。【玉芙蓉】怕輪他舞《驚鴻》，曲終滿座有光華。

〔生〕寡人適見此譜，真乃千古奇音，《驚鴻》何足道也！〔旦〕妾憑臆見，草草創成。其中錯誤，還望陛下更定。〔生〕再同妃子，細細點勘一番。〔老旦、貼暗下〕〔生、旦並坐翻譜介〕

【朱奴折芙蓉】【朱奴兒】倚長袖，香肩並亞；翻新譜，玉纖同把。〔生〕妃子，似你絕調佳人世真寡，要覓破綻並無毫髮。再問妃子，此譜何名？〔旦〕妾於昨夜夢入月宮，見一群仙女奏樂，盡着霓裳羽衣。意欲取此四字，以名此曲。〔生〕好個「霓裳羽衣」！非虛假，果合伴天香桂花。【玉芙蓉】〔作看旦介〕覷仙姿，想前身原是月中娃。

此譜即當宣付梨園，但恐俗手伶工，未諳其妙。朕欲令永新、念奴，先抄圖譜，妃子親自指授。然後傳與李龜年等，教習梨園子弟，卻不是好。〔旦〕領旨。〔生攜旦起介〕天已薄暮，進宮去來。

【尾聲】晚風吹，新月掛，〔旦〕正一縷涼生鳳榻。〔生〕妃子，你看這池上鴛鴦，早雙眠並蒂花。

〔生〕芙蓉不及美人妝，王昌齡 〔旦〕楊柳風多水殿涼。劉長卿 〔老旦〕花下偶然歌一曲，曹唐 〔合〕傳呼法部按霓裳。王建

第十三齣　權閧

【雙調引子】【秋蕊香】〔副淨引祗從上〕狼子野心難料，看跋扈漸肆咆哮，挾勢辜恩更堪惱，索假忠言入告。

下官楊國忠。外憑右相之尊，內恃貴妃之寵。滿朝文武，誰不趨承！獨有安祿山這廝，外面假作痴愚，肚裡暗藏狡詐。不知聖上因甚愛他，加封王爵！他竟忘了下官救命之恩，每每遇事欺凌，出言挺撞。好生可恨！前日曾奏聖上，說他狼子野心，面有反相，恐防日後釀禍，怎奈未見聽從。今日進朝，須索相機再奏，必要黜退了他，方快吾意。來此已是朝門，左右迴避。

〔從下〕〔內喝道介〕〔副淨〕呀，那邊呵殿之聲，且看是誰？〔淨引祇從上〕

【玉井蓮後】寵固君心，暗中包藏計狡。左右迴避。〔從下〕〔淨見副淨介〕請了。〔副淨笑介〕哦，原來是安祿山！〔淨〕老楊，你叫我怎麼？〔副淨〕這是九重禁地，你怎敢在此大聲呵殿？〔淨作勢介〕老楊，你看我：「脫下御衣親賜着，進來龍馬每教騎。常承密旨趨朝數，獨奏邊機出殿遲。」我做郡王的，便呵殿這麼一聲，也不妨，比似你右相還早哩！〔副淨冷笑介〕好，好個「不妨」！安祿山，我且問你，這般大模大樣是幾時起的？〔淨〕下官從來如此。〔副淨〕安祿山，你也還該自去想一想！〔淨〕想什麼？〔副淨〕你只想當日來見我的時節，可是這個模樣麼？〔淨〕彼一時，此一時，說他怎的。〔副淨〕唉，安祿山。

【仙呂入雙調過曲】【風入松】你本是刀頭活鬼罪難逃，那時節長跪階前哀告。我封章入奏機關巧，纔把你身軀全保。〔淨〕赦罪復官，出自聖恩。與你何涉？〔副淨〕好，倒說得乾淨！只太把良心昧了。恩和義，付與水萍飄。

〔淨〕唉，楊國忠，你可曉得，

【前腔】世間榮落偶相遭？休誇着勢壓群僚。你道我失機之罪，可也記得南詔的事麼？胡盧提掩敗將功冒，怪浮雲蔽遮天表。〔副淨〕聖明在上，誰敢朦蔽？這不是謗君麼！〔淨〕還說不朦蔽，你賣爵鬻官多少？貪財貨，竭脂膏。〔副淨〕住了，你道賣官鬻爵，只問你的富貴，是那裡來的？〔冷笑介〕〔淨〕也非止這一樁。若論你恃戚里，施奸狡；誤國罪，有千條。〔副淨〕休得把誣曦語，憑虛造。〔扯淨介〕我與你同去面當朝！

〔淨〕誰怕你來，同去，同去！〔作同扭進朝俯伏介〕〔副淨〕臣楊國忠謹奏：

【前腔】【本調】祿山異志腹藏刀，外作痴愚容貌，奸同石勒倚東門嘯。他不拜儲君，公然桀傲，這無禮難容聖朝。望吾皇立賜罷斥，除凶惡，早絕禍根苗。

〔淨伏介〕臣安祿山謹奏：

【前腔】念微臣謬荷主恩高，遂使嫌生權要，愚蒙觸忤知難保。〔泣介〕陛下呵，怕孤立終落他圈套。微臣呵，寸心赤，只有吾皇鑒昭。容出鎮，犬馬效微勞。〔內〕聖旨道來：楊國忠、安祿山互相訐奏，將相不和，難以同朝共理。特命安祿山為范陽節度使，剋期赴鎮。謝恩。〔淨、副淨〕萬歲！〔起介〕〔淨向副淨拱手介〕老丞相，下官今日去了，你再休怪我大模大樣。朝門內，一任你張牙爪，我去開幕府，自逍遙。〔副淨冷笑介〕〔淨欲下，復轉向副淨介〕還有一句話兒，今日下官出鎮，想也仗回天力相提調。〔舉手介〕請了，我且將冷眼，看伊曹。

〔下〕〔副淨看淨下介〕呀，有這等事！

【前腔】【本調】一腔塊壘怎生消，我待把他威風抹倒；誰知反分節鉞添榮耀，這話靶教人嘲笑。咳，但願祿山此去，做出事來，方信我忠言最早！聖上，聖上，到此際可也悔今朝！

去邪當斷勿狐疑，周曇　禍稔蕭墻竟不知。儲嗣宗
壯氣未平空咄咄，徐鉉　甘言狡計奈嬌痴！鄭嵎

第十四齣　偷曲

【仙呂過曲】【八聲甘州】〔老旦、貼攜譜上〕〔老旦〕霓裳譜定，〔貼合〕向綺窗深處，秘本翻謄。香喉玉口，親將絕調教成。〔老旦〕奴家永新，〔貼〕奴家念奴。〔老旦〕自從娘娘製就《霓裳》新譜，我二人親蒙教授。今駕幸華清宮，即日要奏此曲。命我二人，在朝元閣上，傳譜與李龜年，連夜教演梨園子弟。〔貼〕散序俱已傳習，今日該傳拍序了。〔老旦〕你看月明如水，正好演奏。我和你攜了曲譜，先到閣中便了。〔行介〕〔合〕涼蟾正當高閣升，簾捲薰風映水晶。高清，恰稱廣寒宮仙樂聲聲。〔下〕

【道宮近詞】【魚兒賺】〔末蒼髯，扮李龜年上〕樂部舊聞名，班首新推獨老成。早暮趨承，上直更番入內廷。自家李龜年是也，向作伶官，蒙萬歲爺點為梨園班首。今有貴妃娘娘《霓裳》新曲，奉旨令永新、念奴傳譜出來，在朝元閣上教演，立等供奉。只得連夜攢習，不免喚齊眾兄弟每同去。兄弟每那裡？〔副淨扮馬仙期上〕仙期方響鬼神驚，〔外扮雷海青上〕鐵撥爭推雷海青。〔淨白鬚扮賀懷智上〕賀老琵琶擅場屋，〔丑扮黃旛綽上〕黃家旛綽板尤精。〔同見末介〕李師父拜揖。〔末〕請了。列位呵，君王命，霓裳催演不教停。那永新、念奴呵，兩聘婷，把紅牙小譜攜端正，早向朝元待月明。〔眾〕如此，我每就去便了。〔末〕請同行。〔同行介〕趁遲遲宮漏夜涼生，把新腔敲訂，新腔敲訂。〔同下〕

【仙呂過曲】【解三酲犯】〔小生巾服扮李謩上〕【解三酲】逞風魔少年逸興，借曲中妙理陶情。傳聞今夜蓬萊境，翻妙譜，奏新聲。小生李謩是也，本貫江南，遨遊京國。自小諳通音律，久以鐵笛擅名。近聞宮中新製一曲，名曰《霓裳羽衣》。樂工李龜

年等，每夜在朝元閣中演習。小生慕此新聲，無從得其秘譜。打聽的那閣子，恰好臨着宮牆，聲聞於外。不免袖了鐵笛，來到驪山，趁此月明如畫，竊聽一回。一路行來，果然好景致也。〔行介〕林收暮靄天氣清，山入寒空月彩橫。真佳景，**【八聲甘州】**宛身從畫裡遊行。

〔場上設紅帷作牆，牆內搭一閣介〕〔小生〕說話之間，早來到宮牆下了。

【道宮調近詞】【應時明近】只見五雲中，宮闕影，窈窕玲瓏映月明。光輝看不定，光輝看不定。想潛通御氣，處處仙樓，闌干畔有玉人閒憑。

聞那朝元閣，在禁苑西首，我且繞着紅牆，迤邐行去。〔行介〕

【前腔】花陰下，御路平，緊傍紅牆款款行。〔望介〕只這垂楊影裡，一座高樓露出牆頭，想就是了。凝眸重細省，凝眸重細省，只見畫簾縹緲，文窗掩映。〔指介〕兀的不是上有紅燈！

〔老旦、貼在牆內上閣介〕〔末眾在內云〕今日該演拍序，大家先將散序，從頭演習一番。〔小生〕你看上面燈光隱隱，似有人聲，一定是這裡了。我且潛聽一回。〔作潛立聽介〕

【雙赤子】悄悄冥冥，牆陰竊聽。〔內作樂介〕〔小生作袖出笛介〕不免取出笛來，倚聲和之。就將音節，細細記明便了。聽到月高初更後，果然絃索齊鳴。恰喜禁垣，夜深人靜，琤瑽齊應。這數聲恍然心領，那數聲恍然心領。

〔內細十番，小生吹笛和介〕〔樂止，老旦、貼在內閣上唱後曲，小生吹笛合介〕〔老旦、貼〕

【畫眉兒】驪珠散迸，入拍初驚。雲翻袂影，飄然迴雪舞風輕。飄然迴雪舞風輕，約略煙蛾態不勝。〔小生接唱〕這數聲恍然心領，那數聲恍然心領。

〔內細十番如前，老旦、貼內唱，小生笛合介〕〔老旦、貼〕

【前腔】珠輝翠映，鳳翥鸞停。玉山蓬頂，上元揮袂引雙成。上元揮袂引雙成，萼綠回肩招許瓊。〔小生接唱〕這數聲恍然心領，那數聲恍然心領。

〔內又如前十番，老旦、貼內唱，小生笛合介〕〔老旦、貼〕

【前腔】音繁調騁，絲竹縱橫。翔雲忽定，慢收舞袖弄輕盈。慢收舞袖弄輕盈，飛上瑤天歌一聲。〔小生接唱〕這數聲恍然心領，那數聲恍然心領。

〔內又十番一通，老旦、貼暗下〕〔小生〕妙哉曲也。真個如敲秋竹，似戛春冰，分明一派仙音，信非人世所有。被我都從笛中偷得，好僥倖也！

【鵝鴨滿渡船】霓裳天上聲，牆外行人聽。音節明，宮商正，風內高低應。偷從笛裡，寫出無餘賸。呀，閣上寂然無聲，想是不奏了。人散曲終紅樓靜，半牆殘月搖花影。

你看河斜月落，斗轉參橫，不免回去罷。〔袖笛轉行介〕

【尾聲】卻迴身，尋歸徑。只聽得玉河流水韻幽清，猶似霓裳裊裊聲。

倚天樓殿月分明，杜牧　歌轉高雲夜更清。趙嘏　偷得新翻數般曲，元稹　酒樓吹笛有新聲。張祜

第十五齣　進果

【過曲】【柳穿魚】〔末扮使臣持竿、挑荔枝籃，作鞭馬急上〕一身萬里跨征鞍，為進離支受艱難。上命遣差不由己，算來名利怎如閒！巴得個，到長安，只圖貴妃看一看。

自家西州道使臣，為因貴妃楊娘娘，愛吃鮮荔枝，奉敕涪州，年年進貢。天氣又熱，路途又遠，只得不憚辛勤，飛馬前去。

〔作鞭馬重唱「巴得個」三句跑下〕

【撼動山】〔副淨扮使臣持荔枝籃、鞭馬急上〕海南荔子味尤甘，楊娘娘偏喜啖。採時連葉包，緘封貯小竹籃。獻來曉夜不停驂，一路裡怕耽，望一站也麼奔一站！

自家海南道使臣。只為楊娘娘愛吃鮮荔枝，俺海南所產，勝似涪州，因此敕與涪州並進。但是俺海南的路兒更遠，這荔枝過了七日，香味便減，只得飛馳趕去。〔鞭馬重唱「一路裡」二句跑下〕

【十棒鼓】〔外扮老田夫上〕田家耕種多辛苦，愁旱又愁雨。一年靠這幾莖苗，收來半要償官賦，可憐能得幾粒到肚！每日盼成熟，求天拜神助。

老漢是金城縣東鄉一個莊家。一家八口，單靠着這幾畝薄田過活。早間聽說進鮮荔枝的使臣，一路上稍着徑道行走，不知踏壞了人家多少禾苗！因此，老漢特到田中看守。〔望介〕那邊兩個算命的來了。〔小生扮算命瞎子手持竹板，淨扮女瞎子彈絃子，同行上〕

【蛾郎兒】住褒城，走咸京，細看流年與五星。生和死，斷分明，一張鐵口盡聞名。瞎先生，真靈聖，叫一聲賽神仙，來算命。

〔淨〕老的，我走了幾程，今日腳疼，委實走不動。不是算命，倒在這裡掙命了。〔小生〕媽媽，那邊有人說話，待我問他。〔叫介〕借問前面客官，這裡是什麼地方了？〔外〕這是金城東鄉，與渭城西鄉交界。〔小生斜揖介〕多謝客官指引。〔內鈴響，外望介〕呀，一隊騎馬的來了。〔叫介〕馬上長官，往大路上走，不要踏了田苗！〔小生一面對淨語介〕媽媽，且喜到京不遠，我每叫向前去，雇個毛驢子與你騎。〔重唱「瞎先生」三句走介〕〔末鞭馬重唱前「巴得個」三句急上，衝倒小生、淨下〕〔副淨鞭馬重唱前「一路裡」二句急上，踏死小生下〕〔外跌腳向鬼門哭介〕天啊，你看一片田禾，都被那廝踏爛，眼見的沒用了。休說一家性命難存，現今官糧緊急，將何辦納！好苦也！〔淨一面作爬介〕哎呀，踏壞人了，老的啊，你在那裡？〔作摸着小生介〕呀，這是老的。怎麼不做聲，敢是踏昏了？〔又摸介〕哎呀，頭上濕淥淥的。〔又摸聞手介〕不好了，踏出腦漿來了！〔哭叫介〕我那天呵，地方救命。〔外轉身作看介〕原來一個算命先生，踏死在此。〔淨起斜福介〕只求地方，叫那跑馬的人來償命。〔外〕哎，那跑馬的呵，乃是進貢鮮荔枝與楊娘娘的。一路上來，不知踏壞了多少人，不敢要他償命。何況你這一個瞎子！〔淨〕如此怎了！〔哭介〕我那老的呵，我原算你的命，是要倒路死的。只這個屍首，如今怎麼斷送！〔外〕也罷，你那裡去叫地方，就是老漢同你抬去埋了罷。〔淨〕如此多謝，我就跟着你做一家兒，可不是好！〔同抬小生〕〔哭，諢下〕〔丑扮驛卒上〕

【小引】驛官逃，驛官逃，馬死單單剩馬膫。驛子有一人，錢糧沒半分。拚受打和罵，將身去招架，將身去招架！

自家渭城驛中，一個驛子便是。只為楊娘娘愛吃鮮荔枝，六月初一是娘娘的生日，涪州、海南兩處進貢使臣，俱要趕到。路由本驛經過，怎奈驛中錢糧沒有分文，瘦馬剛存一匹。本官怕打，不知逃往那裡去了，區區就便權知此驛。只是使臣到來，如何應付？且自由他！〔末飛馬上〕

【急急令】黃塵影內日銜山，趕趕趕，近長安。〔下馬介〕驛子，快換馬來。〔丑接馬、末放果籃、整衣介〕〔副淨飛馬上〕一身汗雨四肢癱，趲趲趲，換行鞍。

〔下馬介〕驛子，快換馬來。〔丑接馬，副淨放果籃、與末見介〕請了，長官也是進荔枝的？〔末〕正是。〔副淨〕驛子，下程酒飯在那裡？〔丑〕不曾備得。〔末〕也罷，我每不喫飯了，快帶馬來。〔丑〕兩位爺在上，本驛只剩有一匹馬，但憑那一位爺騎去就是。〔副淨〕唗，偌大一個渭城驛，怎麼只有一匹馬！快喚你那狗官來，問他驛馬那裡去了。〔丑〕若說起驛馬，連年都被進荔枝的爺每騎死了。驛官沒法，如今走了。〔副淨〕既是驛官走了，只問你要。〔丑指介〕這棚內不是一匹馬麼？〔末〕驛子，我先到，且與我先騎了去。〔副淨〕我海南的來路更遠，還讓我先騎。〔末作向內介〕

【恁麻郎】我只先換馬，不和你鬥口。〔副淨扯介〕休恃強，惹着我動手。〔末取荔枝在手介〕你敢把我這荔枝亂丟！〔副淨取荔枝向末介〕你敢把我這竹籠碎扭！〔丑勸介〕請罷休，免氣吼，不如把這匹瘦馬同騎一路走！〔副淨放荔枝打丑介〕唗，胡說！

【前腔】我只打你這潑腌臢死囚！〔末放荔枝打丑介〕我也打你這放刁頑賊頭！〔副淨〕剋官馬，嘴兒太油。〔末〕誤上用，膽兒似斗。〔同打介〕〔合〕鞭亂抽，拳痛毆，打得你難捱，那馬自有！

【前腔】〔丑叩頭介〕向地上連連叩頭，望臺下輕輕放手。〔末、副淨〕若要饒你，快換馬來。〔丑〕馬一匹驛中現有，〔末、副淨〕再要一匹。〔丑〕第二匹實難補湊。〔末、副淨〕沒有只是打！〔丑〕且慢紐，請聽剖，我只得脫下衣裳與你權當酒！〔脫衣介〕〔末〕誰要你這衣裳！〔副淨作看衣、披在身上介〕也罷，趲路要緊。我原騎了那馬，前站換去。〔取果上馬，重唱前「一路裡」二句跑下〕〔末〕快換馬來我騎。〔丑〕馬在此。〔末取果上馬，重唱前「巴得個」三句跑下〕〔丑弔場〕咳，楊娘娘，楊娘娘，只為這幾個荔枝呵！

鐵關金鎖徹明開，崔液 黃紙初飛敕字回。元稹 驛騎鞭聲砉流電，李郢 無人知是荔枝來。杜牧

第十六齣 舞盤

【仙呂引子】【奉時春】〔生引二內侍、丑隨上〕山靜風微晝漏長，映殿角火雲千丈。紫氣東來，瑤池西望，翩翩青鳥庭前降。

朕同妃子避暑驪山。今當六月朔日，乃是妃子誕辰。特設宴在長生殿中，與他稱慶，並奏《霓裳》新曲。高力士傳旨後宮，

 第十六齣

宣娘娘上殿。〔丑〕領旨。〔向內傳介〕〔內應「領旨」介〕〔旦盛妝、引老旦、貼上〕

【唐多令】日影耀椒房，花枝弄綺窗，門懸小帨赭羅黃。繡得文鸞成一對，高傍着五雲翔。

〔見介〕臣妾楊氏見駕。願陛下萬歲，萬萬歲！〔生〕與妃子同之。〔旦坐介〕〔生〕紫雲深處婺光明，〔旦〕帶露靈桃倚日榮。〔老旦、貼〕歲歲花前人不老，〔丑合〕長生殿裡慶長生。〔生〕今日妃子初度，寡人特設長生之宴，同為竟日之歡。〔旦〕薄命生辰，荷蒙天寵。願為陛下進千秋萬歲之觴。〔丑〕酒到。〔旦拜，獻生酒，生答賜，旦跪飲，叩頭呼「萬歲」，坐介〕

〔生〕

【高平過曲】【八仙會蓬海】【八聲甘州】風薰日朗，看一葉階蓂，搖動炎光。華筵初啟，南山遙映霞觴。【玩仙燈】〔合〕果合歡，桃生千歲；花並蒂，蓮開十丈。【月上海棠】宜歡賞，恰好殿號長生，境齊蓬閬。

〔小生扮內監，捧表上〕「手捧金花紅榜子，齊來寶殿祝千秋。」〔見介〕啟萬歲爺、娘娘，國舅楊丞相，同韓、虢、秦三國夫人，獻上壽禮賀箋，在外朝賀。〔丑取箋送生看介〕〔生〕生受他每。丞相免行禮，回朝辦事。三國夫人，候朕同娘娘回宮筵宴。〔小生〕領旨。〔下〕〔淨扮內監捧荔枝、黃袱蓋上〕「正逢瑤圃十秋宴，進到炎州十八娘。」〔見介〕啟萬歲爺，涪州、海南貢進鮮荔枝在此。〔生〕取上來。〔丑接荔枝去袱、送上介〕〔生〕妃子，朕因你愛食此果，特敕地方飛馳進貢。今日壽宴初開，佳果適至，當為妃子再進一觴。〔旦〕萬歲！〔生〕宮娥每，進酒。〔老貼進酒介〕〔旦〕

【杯底慶長生】【傾杯序】〔換頭〕盈筐、佳果香，幸黃封遠敕來川廣。愛他濃染紅綃，薄裹晶丸，入手清芬，沁齒甘涼。【長生導引】〔合〕便火棗交梨應讓，只合來萬歲臺前，千秋筵上，伴瑤池阿母進瓊漿。

高力士，傳旨李龜年，押梨園子弟上殿承應。〔丑〕領旨。〔向內傳介〕〔末引外、淨、副淨、丑各錦衣、花帽，應「領旨」上〕「紅牙待拍箏排柱，催着紅羅上舞筵。換戴柘枝新帽子，隨班行到御階前。」〔見介〕樂工李龜年，押領梨園子弟，叩見萬歲爺、娘娘。

〔生〕李龜年，《霓裳》散序昨已奏過，《羽衣》第二疊可曾演熟？〔末〕演熟了。〔生〕用心去奏。〔末〕領旨。〔起介〕〔暗下〕〔旦〕妾啟陛下，此曲散序六奏，止有歇拍而無流拍。中序六奏，有流拍而無促拍，其時未有舞態。

【八仙會蓬海】〔換頭〕只是悠揚，聲情俊爽。要停住彩雲，飛繞虹梁。至羽衣三疊，名曰飾奏。一聲一字，都將舞態含藏。其間有慢聲，有纏聲，有衮聲，應清圓，驪珠一串；有入破，有攤破，有出破，合嬝娜氍毹千狀；還有花犯，有道和，有傍拍，有間拍，有催拍，有偷拍，多音響；皆與慢舞相生，緩歌交暢。

〔生〕妃子所言，曲盡歌舞之蘊。〔旦〕妾製有翠盤一面，請試舞其中，以博天顏一笑。〔生〕妃子妙舞，寡人從未得見。永新、念奴，可同鄭觀音、謝阿蠻伏侍娘娘，上翠盤來者。〔老、貼〕領旨。〔旦起福介〕告退更衣。「整頓衣裳重結束，一身飛上翠盤中。」〔引老、貼下〕〔生〕高力士，傳旨李龜年，領梨園子弟按譜奏樂。朕親以羯鼓節之。〔丑〕領旨。〔向內傳介〕〔生起更衣，末、眾在場內作樂介〕〔場上設翠盤，旦花冠、白繡袍、瓔珞、錦雲肩、翠袖、大紅舞裙，老、貼同淨、副淨扮鄭觀音、謝阿蠻，各舞衣、白袍，執五彩霓旌、孔雀雲扇，密遮旦簇上翠盤介〕〔樂止，旌扇徐開，旦立盤中舞，老、貼、淨、副唱，丑跪捧鼓，生上坐擊鼓，眾在場內打細十番合介〕

【羽衣第二疊】【畫眉序】羅綺合花光，一朵紅雲自空漾。【皂羅袍】看霓旌四繞，亂落天香。【醉太平】安詳，徐開扇影露明妝。【白練序】渾一似天仙，月中飛降。〔合〕輕颺，彩袖張，向翡翠盤中顯伎長。【應時明近】飄然來又往，宛迎風菡萏，【雙赤子】翩翻葉上。舉袂向空如欲去，乍回身側度無方。〔急舞介〕【畫眉兒】盤旋跌宕，花枝招颭柳枝揚，鳳影高騫鸞影翔。【拗芝麻】體態嬌難狀，天風吹起，眾樂繽紛響。【小桃紅】冰絃玉柱聲嘹亮，鸞笙象管音飄蕩，【花藥欄】恰合着羯鼓低昂。按新腔，度新腔，【怕春歸】裊金裙，齊作留仙想。〔生住鼓，丑攜去介〕【古輪臺】舞住斂霞裳，〔朝上拜介〕重低顙，山呼萬歲拜君王。

〔老、貼、淨、副扶旦下盤介〕〔淨、副暗下〕〔生起，前攜旦介〕妙哉，舞也！逸態橫生，濃姿百出。宛若翾風迴雪，恍如飛燕遊龍，真獨擅千秋矣。宮娥每，看酒來，待朕與妃子把杯。〔老、貼奉酒，生擎杯介〕

【千秋舞霓裳】【千秋歲】把金觴，含笑微微向，請一點點檀口輕嘗。〔付旦介〕休得留殘，休得留殘，酬謝你舞怯腰肢勞攘。〔旦接杯謝介〕萬歲！【舞霓裳】親頒玉醞恩波廣，惟慚庸劣怎承當！〔生看旦介〕俺仔細看他模樣，只這持杯處，有萬種風流殢人腸。

〔生〕朕有鴛鴦萬金錦十四，麗水紫磨金步搖一事，聊作纏頭。〔出香囊介〕還有自佩瑞龍腦八寶錦香囊一枚，解來助卿舞珮。

〔旦接香囊謝介〕萬歲。〔生攜旦行介〕

【尾聲】〔生〕霓裳妙舞千秋賞，合助千秋祝未央。〔旦〕徼倖殺親沐君恩透體香。

〔生〕長生秘殿倚青蒼，吳融　〔旦〕玉醴還分獻壽觴。張說　〔生〕飲罷更憐雙袖舞，韓翃　〔旦〕滿身新帶五雲香。曹唐

第十七齣　合圍

〔外末、副淨、小生扮四番將上〕〔外〕三尺鑌刀耀雪光，〔末〕腰間明月角弓張。〔副淨〕葡萄酒醉胭脂血，〔小生〕貂帽花添錦繡裝。〔外〕俺范陽鎮東路將官何千年是也。〔末〕俺范陽鎮西路將官崔乾祐是也。〔副淨〕俺范陽鎮南路將官高秀巖是也。〔小生〕俺范陽鎮北路將官史思明是也。〔各彎腰見科〕請了，昨奉王爺將令，傳集我等，只得齊至帳前伺候。道猶未了，王爺升帳也。〔內鼓吹、掌號科〕〔淨戎裝引番姬、番卒上〕

【越調紫花撥四】統貔貅雄鎮邊關，雙眸覷破番和漢，掌兒中握定江山，先把這四周圍爪牙叠辦。

我安祿山夙懷大志，久蓄異謀。只因一向在朝，受封東平王爵，寵幸無雙，富貴已極，咱的心願倒也罷了。叵耐楊國忠那廝，與咱不合，出鎮范陽。且喜跳出樊籠，正好暗圖大事。俺家所轄，原有三十二路將官，番漢並用。性情各別，難以任為腹心。因此奏請一概俱用番將。如今大小將領，皆咱部落。〔笑科〕任意所為，都無所顧忌了。昨日傳集他每俱赴帳前，這喈敢待齊也。〔眾進見科〕三十二路將官參見。〔淨〕諸將少禮。〔眾〕請問王爺，傳集某等，不知有何鈞令？〔淨〕眾將官，目今秋高馬壯，正好演習武藝。特召你等，同往沙地，大合圍場，較獵一番。多少是好！〔眾〕謹遵將令。〔淨〕就此跨馬前去。〔同眾作上馬科〕〔淨〕

【胡撥四犯】紫韁輕挽，〔合〕雙手把紫韁輕挽，騙上馬，將盔纓低按。〔行科〕閃旗影雲殷，沒揣的動龍蛇，一直的通霄漢。按奇門布下了九連環，覷定了這小中原在眼，消不得俺眾路強蕃。〔眾四面立，淨指科〕這一員身材剽悍，那一員結束牢拴，這一員莽兀喇拳毛高鼻，那一員惡支沙雕目胡顏，這一員會急进格邦的弓開月滿，那一員會滴溜撲碌的鎚落星寒，這一員會咭吒克擦的鎗風閃爍，那一員會悉力颯剌的劍雨澎灘，端的是人如猛虎離山澗，顯英雄天可汗！〔眾行科〕〔合〕振軍威，撲通通鼓鳴，驚魂破膽；排陣勢，韻悠悠角聲，人疾馬閒。抵多少雷轟電轉，可正是海沸也那河翻。折末的銅作壁，鐵作壘，有甚麼攻不破、攻不破也雄關！〔淨〕這裡地闊沙平，就此擺開圍場，射獵一回者。〔淨同番姬立高處，眾排圍射獵下〕〔淨〕擺圍場這間、這間，四下裡來擠攢、擠攢。馬蹄兒潑剌剌旋風赸，不住的把弓來緊彎，弦來急攀。一回呵滾沙場兔、鹿兒無頭趕，都難動彈，就地裡踠跧。〔眾射鳥獸上〕〔淨〕把鷹、犬放過去者。〔眾應，放鷹、犬科，跑下〕〔淨〕呀呀呀，疾忙裡一壁廂把翅摩霄的玉爪騰空散，一壁廂把足駕霧的金獒逐路攔，霎時間獸積、獸積如山。〔眾上獻獵物科〕稟王爺眾將獻殺。〔淨〕打的鳥獸，散給眾軍。就此高坡上，把人馬歇息片時。大家炙肉暖酒，番姬每歌的歌，舞的舞，灑落一回者。〔眾〕得令。〔同席地坐，番姬送淨酒，眾作拔刀割肉，提背壺斟酒，大飲啖科〕〔番姬彈琵琶、渾不是，眾打太平鼓板〕〔合〕斟起這酪漿兒，滿滿的浮金盞，滿滿的浮盞。更把那連毛帶血肉生餐，笑擁着番姬雙頰丹，把琵琶忒楞楞彈也麼彈，唱新聲《菩薩蠻》。〔淨起科〕吃了一會，酒醉肉飽。天色已晚，諸將各回汛地。須要整頓兵器，練習軍馬，聽候將令便了。〔眾應科〕得令。〔作同上馬吹海螺，側帽、擺手繞場疾行科〕聽罷了令，疾翻身躍登錦鞍，側着帽，擺手輕儇。各自裡回還，鎮守定疆藩。擺搠些旗竿，裝摺着輪轓，聽候傳番，施逞凶頑。天降摧殘，地起波瀾，把漁陽凝盼，一飛羽箭，爭赴兵壇，專等你個抱赤心的將軍、將軍來調揀。

〔眾下〕〔淨〕你看諸路番將，一個個人強馬壯，眼見得的羽翼已成。〔笑科〕唐天子，唐天子，我怎當得也！

【煞尾】沒照會，先去了那掣肘漢家官；有機謀，暗添上這助臂番兒漢。等不的宴華清霓裳法曲終，早看俺鬧鼓鼙漁陽驍將反。

六州番落從戎鞍，薛逢　戰馬閒嘶漢地寬。劉禹錫　倏忽搏風生羽翼，駱賓王　山川龍戰血漫漫。胡曾

第十八齣　夜怨

【正宮引子】【破齊陣】【破陣子頭】〔旦上〕寵極難拚輕捨，歡濃分外生憐。**【齊天樂】**比目游雙，鴛鴦眠並，未許恩移情變。**【破陣子尾】**只恐行雲隨風引，爭奈閒花競日研，終朝心暗牽。

【清平樂】「捲簾不語，誰識愁千縷。生怕韶光無定主，暗裡亂催春去。心中剛自疑猜，那堪蹤跡全乖。鳳輦卻歸何處？淒涼日暮空階。」奴家楊玉環，久邀聖眷，愛結君心。叵耐梅精江采蘋，意不相下。恰好觸忤聖上，將他遷置樓東。但恐采蘋巧計回天，皇上舊情未斷，因此常自提防。唉，江采蘋，江采蘋，非是我容你不得，只怕我容了你，你就容不得我也！今早聖上出朝，日色已暮，不見回宮，連着永新、念奴打聽去了。此時情緒，好難消遣也！

【仙呂入雙調】【風雲會四朝元】【四朝元頭】燒殘香串，深宮欲暮天。把文窗頻啟，翠箔高卷，眼兒幾望穿。但常時此際，**【會河陽】**定早鸞到西宮，執手齊肩。**【四朝元】**花映房櫳，春生顏面，**【駐雲飛】**百種耽歡戀。嗏今夕問何緣，**【一

江風】芳草黃昏，不見承回輦？〔內作鸚哥叫「聖駕來也」介〕〔旦作驚看介〕呀，聖上來了！〔作看介〕呸，原來是鸚哥弄巧言，把愁人故相騙。【四朝元尾】只落得徘徊佇立，思思想想，畫欄憑遍。

〔老旦上〕「聞道君王前殿宿，內家各自撤紅燈。」〔見介〕啟娘娘：萬歲爺已宿在翠華西閣了。〔旦呆介〕有這等事！〔泣介〕

【前腔】君情何淺，不知人望懸！正晚妝慵卸，暗燭羞剪，待君來同笑言。向瓊筵啟處，向瓊筵啟處，醉月觴飛，夢雨床連。共命無分，同心不舛，怎驀把人疏遠！〔老旦〕萬歲爺今夜偶不進宮，料非有意疏遠，娘娘請勿傷懷！〔旦〕嗏，若不是情遷，便宿離宮，阿監何妨遣。我想聖上呵，從來未獨眠，鴛衾厭孤展，怎得今宵枕畔，清清冷冷，竟無人薦！

〔貼上〕「雪隱鷺鷥飛始見，柳藏鸚鵡語方知。」〔見介〕娘娘，奴婢打聽翠閣的事來了。〔旦〕怎麼說？〔貼〕娘娘聽啟，奴婢方纔呵，【月臨江】「悄向翠華西閣，守將時近黃昏，忽聞密旨遣黃門」。〔旦〕遣他何處去呢？〔貼〕「飛鞭乘戲馬，滅燭召紅裙。」〔旦急問介〕召那一個？〔貼〕「貶置樓東怨女，梅亭舊日妃嬪。」〔旦驚介〕呀，這是梅精了。他來也不曾？〔貼〕「須臾簇擁那佳人，暗中歸翠閣。」〔老旦問介〕此話果真否？〔貼〕「消息探來真。」〔旦〕唉，天那，原來果是梅精復邀寵幸了。〔做不語悶坐、掩淚介〕〔老旦、貼〕娘娘請免愁煩。〔旦〕

【前腔】聞言驚顫，傷心痛怎言。〔淚介〕把從前密意，舊日恩眷，都付與淚花兒彈向天。記歡情始定，記歡情始定，願似釵股成雙，盒扇團圓。不道君心，霎時更變，總是奴當譴。嗏，也索把罪名宣，怎教凍蕊寒葩，暗識東風面。可知道身雖在這邊，心終繫別院。一味虛情假意，瞞瞞昧昧，只欺奴善。

〔貼〕娘娘還不知道，奴婢聽得小黃門說，昨日萬歲爺在華萼樓上，私封珍珠一斛去賜他，他不肯受。回獻一詩，有「長門自是無梳洗，何必珍珠慰寂寥」之句，所以致有今夜的事。〔旦〕哦，原來如此，我那裡知道！

【前腔】他向樓東寫怨，把珍珠暗裡傳。直恁的兩情難割，不由我寸心如剪。也非咱心太褊，只笑君王見錯；笑君王見錯，把一個罪廢殘妝，認是金屋嬋娟。可知我守拙鸞凰，鬥不上爭春鶯燕！〔老旦〕萬歲爺既不忘情於他，娘娘何不迎合上意，力勸召回。萬歲爺必然歡喜，料他也不敢忘恩。〔旦〕唉，此語休提。他自會把紅絲纏。嗏，何必我重牽。只怕沒頭興的媒人，反惹他憎賤。你二人隨我到翠閣去來。〔貼〕娘娘去怎的？〔旦〕我到那裡，看他如何逞媚妍，如何賣機變，取次把君情鼓動，顛顛倒倒，暗中迷戀。

〔貼〕奴婢想今夜翠閣之事，原怕娘娘知道。此時夜將三鼓，萬歲爺必已安寢。娘娘猝然走去，恐有未便。不如且請安眠，到明日再作理會。〔旦作不語，掩淚嘆介〕唉，罷罷，只今夜教我如何得睡也！

【尾聲】他歡娛只怕催銀箭，我這裡寂寥深院，只索背着燈兒和衣將空被捲。

紫禁迢迢宮漏鳴，戴叔倫　碧天如水夜雲生。溫庭筠

淚痕不與君恩斷，劉皋　斜倚薰籠坐到明。白居易

第十九齣　絮閣

〔丑上〕「自閉昭陽春復秋，羅衣濕盡淚還流。一種蛾眉明月夜，南宮歌舞北宮愁。」喒家高力士，向年奉使閩粵，選得江妃進御，萬歲爺十分寵幸。為他性愛梅花，賜號梅妃，宮中都稱為梅娘娘。自從楊娘娘入侍之後，寵愛日奪，萬歲爺竟將他遷置上陽宮東樓。昨夜忽然托疾，宿於翠華西閣，遣小黃門密召到來。戒飭宮人，不得傳與楊娘娘知道。命喒在閣前看守，不許閒人擅進。此時天色黎明，恐要送梅娘娘回去，只索在此伺候咱。〔虛下〕〔旦行上〕

【北黃鍾】【醉花陰】一夜無眠亂愁攪，未拔白潛蹤來到。往常見紅日影弄花梢，軟咍咍春睡難消，猶自壓繡衾倒。今日呵，可甚的鳳枕急忙拋，單則為那籌兒撇不掉。

〔丑一面暗上望科〕呀，遠遠來的，正是楊娘娘，莫非走漏了消息麼？現今梅娘娘還在閣裡，如何是好？〔旦到科〕〔丑忙見科〕奴婢高力士，叩見娘娘。〔旦〕萬歲爺在那裡？〔丑〕在閣中。〔旦〕還有何人在內？〔丑〕沒有。〔旦冷笑科〕你開了閣門，待我進去看者。〔丑慌科〕娘娘且請暫坐。〔旦坐科〕〔丑〕奴婢啟上娘娘，萬歲爺昨日呵，

【南畫眉序】只為政勤勞，偶爾違和厭煩擾。〔旦〕既是聖體違和，怎生在此駐宿？〔丑〕愛清幽西閣，暫息昏朝。〔旦〕在裡面做什麼？〔丑〕偃龍床，靜養神疲。〔旦〕你在此何事？〔丑〕守玉戶不容人到。〔旦怒科〕高力士，你待不容我進去麼？〔丑慌叩頭科〕娘娘息怒，只因親奉君王命，量奴婢敢行違拗！

【北喜遷鶯】〔旦怒科〕唗，休得把虛脾來掉，嘴喳喳弄鬼妝幺。〔丑〕奴婢怎敢。〔旦〕焦也波焦，急的咱滿心越惱。我曉得你今日呵，別有個人兒掛眼梢，倚着他寵勢高，明欺我失恩人時衰運倒。〔起科〕也罷，我只得自把門敲。

第十九齣

〔丑〕娘娘請坐，待奴婢叫開門來。〔做高叫科〕楊娘娘來了，開了閤門者。〔旦坐科〕〔生披衣引內侍上，聽科〕

【南畫眉序】何事語聲高，驀忽將人夢驚覺。〔丑又叫科〕楊娘娘在此，快些開門。〔內侍〕啟萬歲爺，楊娘娘到了。〔生作呆科〕呀，這春光漏泄，怎地開交？〔內侍〕這門還是開也不開？〔生〕慢着。〔背科〕且教梅妃在夾幕中，暫躲片時罷。〔急下〕〔內侍笑科〕哎，萬歲爺，萬歲爺，笑黃金屋恁樣藏嬌，怕葡萄架霎時推倒。〔生上作伏桌科〕內侍，我着床傍枕佯推睡，你索把獸環開了。

〔內侍〕領旨。〔作開門科〕〔旦直入，見生科〕妾聞陛下聖體違和，特來問安。〔生〕寡人偶然不快，未及進宮。何勞妃子清晨到此。〔旦〕陛下致疾之由，妾倒猜着幾分了。〔生笑科〕妃子猜着何事來？〔旦〕

【北出隊子】多則是相思縈繞，為着個意中人把心病挑。〔生笑科〕寡人除了妃子，還有甚意中人？〔旦〕妾想陛下向來鍾愛，無過梅精。何不宣召他來，以慰聖情牽掛。〔生驚科〕呀，此女久置樓東，豈有復召之理！〔旦〕只怕悄東君偷洩小梅梢，單只待望着梅來把渴消。〔生〕寡人那有此意。〔旦〕既不沙，怎得那一斛珍珠去慰寂寥！

〔生〕妃子休得多心。寡人昨夜呵，

【南滴溜子】偶只為微疴，暫思靜悄。恁蘭心蕙性，慢多度料，把人無端奚落。〔作欠伸科〕我神虛懶應酬，相逢話言少。請暫返香車，圖個睡飽。

〔旦作看科〕呀，這御榻底下，不是一雙鳳舄麼？〔生急起，作欲掩科〕在那裡？〔懷中掉出翠鈿科〕〔旦拾看科〕呀，又是一朵翠鈿！此皆婦人之物，陛下既然獨寢，怎得有此？〔生作羞科〕好奇怪！這是那裡來的？連寡人也不解。〔旦〕陛下怎麼不解？〔丑作急態，一面背對內侍低科〕呀，不好了，見了這翠鈿、鳳舄，楊娘娘必不干休。你每快送梅娘娘，悄從閤後破壁而出，回到樓東去罷。〔內侍〕曉得。〔從生背後虛下〕〔旦〕

【北刮地風】子這御榻森嚴宮禁遙，早難道有神女飛度中宵。則問這兩般信物何人掉？〔作將舄、鈿擲地，丑暗拾科〕〔旦〕昨夜誰侍陛下寢來？可怎生般鳳友鸞交，到日三竿猶不臨朝？外人不知呵，都只說殢君王是我這庸姿劣貌。那知道戀歡娛，別有個雨窟雲巢！請陛下早出視朝，妾在此候駕回宮者。〔生〕寡人今日有疾，不能視朝。〔旦〕雖則是蝶夢餘，鴛浪中，春情顛倒，困迷離精神難打熬，怎負他鳳墀前鵠立群僚！

〔旦作向前背立科〕〔丑悄上與生耳語科〕梅娘娘已去了，萬歲爺請出朝罷。〔生點頭科〕妃子勸寡人視朝，只索勉強出去。高力士，你在此送娘娘回宮者。〔丑〕領旨。〔向內科〕擺駕。〔內應科〕〔生〕「風流惹下風流苦，不是風流總不知。」〔下〕

〔旦坐科〕高力士，你瞞着我做得好事！只問你這翠鈿、鳳舄，是那一個的？〔丑〕

【南滴滴金】告娘娘省可閒煩惱。奴婢看萬歲爺與娘娘呵，百縱千隨真是少。今日這翠鈿、鳳舄，莫說是梅亭舊日恩情好，就是六宮中新窈窕，娘娘呵，也只合佯裝不曉，直恁破工夫多計較！不是奴婢擅敢多口，如今滿朝臣宰，誰沒有個大妻小妾，何況九重，容不得這宵！

【北四門子】〔旦〕呀，這非是衾裯不許他人抱，道的咱量似斗筲！只怪他明來夜去裝圈套，故將人瞞的牢。〔丑〕萬歲爺瞞着娘娘，也不過怕娘娘着惱，非有他意。〔旦〕把似怕我焦，則休將彼邀。卻怎的劣雲頭，只思別岫飄。將他假做抛，暗又招，轉關兒心腸難料。

〔作掩淚坐科〕〔老旦上〕清早起來，不見了娘娘，一定在這翠閣中，不免進去咱。〔作進見旦科〕呀，娘娘呵，

【南鮑老催】為何淚抛，無言獨坐神暗消？〔問丑科〕高公公，是誰觸着他情性嬌？〔丑低科〕不要說起。〔作暗出鈿、舄與老旦看科〕只為見了這兩件東西，故此發惱。〔老旦笑，低問科〕如今那人呢？〔丑〕早已去了。〔老旦〕萬歲爺呢？〔丑〕出去御朝了。永新姐，你來得甚好，可勸娘娘回宮去罷。〔老旦〕曉得了。〔回向旦科〕娘娘，你慢將眉黛顰，啼痕滲，芳心惱。晨餐未進過清早，怎自將千金玉體輕傷了？請回宮去，尋歡笑。

〔內〕駕到。〔旦起立科〕〔生上〕「媚處嬌何限，情深妒亦真。且將個中意，慰取眼前人。」寡人圖得半夜歡娛，反受十分煩惱。欲待呵叱他一番，又恐他反道我偏愛梅妃，只索忍耐些罷。高力士，楊娘娘在那裡？〔丑〕還在閣中。〔老旦、丑暗下〕

〔生作見旦，旦背立不語掩泣科〕〔生〕呀，妃子，為何掩面不語？〔旦不應科，生笑科〕妃子休要煩惱，朕和你到華萼樓上看花去。〔旦〕

【北水仙子】問、問、問、問華萼嬌，怕、怕、怕、怕不似樓東花更好。有、有、有、有梅枝兒曾占先春，又、又、又、又何用綠楊牽繞。〔生〕寡人一點真心，難道妃子還不曉得！〔旦〕請、請、請、請真心向故交，免、免、免、免人怨為妾情薄。〔跪科〕妾有下情，望陛下俯聽。〔生扶科〕妃子有話，可起來說。〔旦泣科〕妾自知無狀，謬竊寵恩。若不早自引退，誠恐謠諑日加，

禍生不測。有累君德鮮終，益增罪戾。今幸天眷猶存，望賜斥放。陛下善視他人，勿以妾為念也。〔泣拜科〕拜、拜、拜、拜辭了往日君恩天樣高。〔出釵、盒科〕這釵、盒是陛下定情時所賜，今日將來交還陛下。把、把、把、把深情密意從頭繳。〔生〕這是怎麼說？〔旦〕省、省、省，省可自承舊賜，福難消。

〔旦悲咽，生扶起科〕妃子何出此言，朕和你兩人呵，

【南雙聲子】情雙好，情雙好，縱百歲猶嫌少。怎說到，怎說到，平白地分開了。總朕錯，總朕錯，請莫惱，請莫惱。〔笑覷旦科〕見了你這顰眉淚眼，越樣生嬌。

妃子可將釵、盒依舊收好。既是不耐看花，朕和你到西宮閒話去。〔旦〕陛下誠不棄妾，妾復何言。〔袖釵、盒，福生科〕

【北尾煞】領取釵、盒再收好，度芙蓉帳暖今宵，重把那定情時心事表。

〔生攜旦並下〕〔丑復上〕萬歲爺同娘娘進宮去了。喒如今且把這翠鈿、鳳舄，送還梅娘娘去。

柳色參差映翠樓，司馬札　君王玉輦正淹留。錢起

豈知妃后多嬌妒，段成式　惱亂東風卒未休。羅隱

第二十齣　偵報

〔外引末扮中軍，四雜執刀棍上〕「出守巖疆典鉅城，風聞邊事實堪驚。不知憂國心多少，白髮新添四五莖。」下官郭子儀，叨蒙聖恩，擢拜靈武太守。前在長安，見安祿山面有反相，知其包藏禍心。不想聖上命彼出鎮范陽，分明縱虎歸山。卻又許易番將，一發添其牙爪。下官自天德軍升任以來，日夜擔憂。此間靈武，乃是股肱重地，防守宜嚴。已遣精細哨卒，前往范陽采聽去了。且待他來，便知分曉。

【雙調夜行船】〔小生扮探子，執小紅旗上〕兩腳似星馳和電捷，把邊情打聽些些。急離燕山，早來靈武。〔作進見外，一足跪叩科〕向黃堂爆雷般唱一聲高喏。

〔外〕探子，你回來了麼？〔小生〕我「肩挑令字小旗紅，晝夜奔馳疾似風。探得邊關多少事，從頭來報主人公」。〔外〕分付掩門。〔眾掩門科下〕〔外〕探子，你探的安祿山軍情怎地，兵勢如何？近前來，細細說與我聽者。〔小生〕爺爺聽啟，小哨一到了范陽鎮上呵，

【喬木魚】見鎗刀似雪，密匝匝鐵騎連營列。端的是號令如山把神鬼慴。那知有朝中天子尊，單逞他將軍令閫外唓嗻。

〔外〕那祿山在邊關，近日作何勾當？〔小生〕

【慶宣和】他自請那番將更來，把那漢將撤，四下裡牙爪排設。每日價躍馬彎弓鬥馳獵，把兵威耀也、耀也！

〔外〕還有什以舉動波？〔小生〕

【落梅花】他賊行藏真難料，歹心腸忒肆邪。誘諸番密相勾結，更私招四方亡命者，巢窟內盡藏凶孽。

〔外驚科〕呀，有這等事！難道朝廷之上，竟無人奏告麼？〔小生〕聞得一月前，京中有人告稱祿山反狀，萬歲爺暗遣中使，去到范陽，瞰其動靜。那祿山見了中使呵，

【風入松】十分的小心禮貌假妝呆，儘金錢遍布蓋奸邪。把一個中官哄騙的滿心悅，來回奏把逆跡全遮。因此萬歲爺愈信不疑，反把告叛的人，送到祿山軍前治罪。一任他橫行傲桀，有誰人敢再弄唇舌！

〔外嘆介〕如此怎生是了也！〔小生〕前日楊丞相又上一本，說祿山叛跡昭然，請皇上亟加誅戮。那祿山見了此本呵，

【撥不斷】也不免腳兒跌，口兒嗟，意兒中忐忑，心兒裡怯。不想聖旨倒說祿山誠實，丞相不必生疑。他一聞此信，便就呵呵大笑，罵這讒臣奈我耶，咬牙根誓將君側權奸滅，怒轟轟急待把此仇來雪。

〔外〕呀，他要誅君側之奸，非反而何？且住，楊相這本怎麼不見邸抄？〔小生〕此是密本，原不發抄。只因楊丞相要激祿山速反，特着塘報抄送去的。〔外怒科〕唉，外有逆藩，內有奸相，好教人髮指也！〔小生〕小哨還打聽的祿山近有獻馬一事，更利害哩！

【離亭宴歇拍煞】他本待逞豺狼，魆地裡思抄竊。巧借着獻驊騮，乘勢去行強劫。〔外〕怎麼獻馬？可明白說來者。〔小生〕他遣何千年賚表，奏稱獻馬三千匹，每馬一匹，有甲士二人，又有二人御馬，一人芻牧，共三五一萬五千人，護送入京。一路裡兵強馬劣，鬧洶洶怎提防！亂紛紛難鎮壓，急攘攘誰攔截。生兵入帝畿，野馬臨城闕，怕不把長安來鬧者。〔外驚科〕唉，罷了，此計若行，西京危矣。〔小生〕這本方纔進去，尚未取旨。只是祿山呵，他明把至尊欺，狡將奸計使，險備機關設。馬蹄兒縱不行，狼性子終難帖，逗的鼙鼓向漁陽動也，爺爺呵，莫待傳白羽始安排。小哨呵，準備閃紅旗再報捷。

〔外〕知道了。賞你一罈酒，一腔羊，五十兩花銀，免一月打差。去罷。〔小生叩頭科〕謝爺。〔外〕叫左右，開門。〔眾應上，

作開門科〕〔小生下〕〔外〕中軍官。〔末應介〕〔外〕傳令眾軍士，明日教場操演，準備酒席犒賞。〔末〕領鈞旨。〔先下〕

〔外〕數騎漁陽探使回，杜牧　威雄八陣役風雷。劉禹錫　胸中別有安邊計，曹唐　軍令分明數舉杯。杜甫

第二十一齣　窺浴

【仙呂入雙調】【字字雙】〔丑扮宮女上〕自小生來貌天然，花面；宮娥隊裡我為先，掃殿。忽逢小監在階前，胡纏；伸手摸他褲兒邊，不見。

「我做宮娥第一，標致無人能及。腮邊花粉糊塗，嘴上胭脂狼籍。秋波俏似銅鈴，弓眉彎得筆直。春纖十個擂槌，玉體渾身糙漆。柳腰松段十圍，蓮瓣灘船半隻。楊娘娘愛我伶俐，選做霓裳部色。只因喉嚨太響，歌時嘴邊起個霹靂。身子又太狼伉，舞去衝翻了御筵桌席。皇帝見了發惱，打落子弟名籍。登時發到驪山，派到溫泉殿中承值。昨日鑾輿臨幸，同楊娘娘在華清駐蹕。傳旨要來共浴湯池，只索打掃鋪陳收拾。」道猶未了，那邊一個宮人來也。

【雁兒舞】〔副淨扮宮女上〕擔閣青春，後宮怨女，漫跌腳搥胸，有誰知苦。拚着一世沒有丈夫，做一隻孤飛雁兒舞。

〔見介〕〔丑〕姐姐，你說什麼《雁兒》舞！如今萬歲爺，有了楊娘娘的《霓裳》舞，連梅娘娘的《驚鴻》舞，也都不愛了。

〔副淨〕便是。我原是梅娘娘的宮人。只為我娘娘，自翠閣中忍氣回來，一病而亡，如今將我撥到這裡。〔丑〕原來如此，楊娘娘十分妒忌，我每再休想有承幸之日。〔副淨〕罷了。〔丑〕萬歲爺將次到來，我和你且到外廂伺候去。〔虛下〕〔末、小生扮內侍，引生、旦、老旦、貼隨行上〕

【羽調近詞】【四季花】別殿景幽奇：看雕梁畔，珠簾外，雨捲雲飛。逶迤，朱闌幾曲環畫溪，修廊數層接翠微。遶紅墻，通玉扉。

〔末、小生〕啟萬歲爺，到溫泉殿了。〔生〕內侍迴避。〔末、小生應下〕〔生〕妃子，你看清渠屈注，洄瀾皺漪，香泉柔滑宜素肌。朕同妃子試浴去來。〔老、貼與生、旦脫去大衣介〕〔生〕妃子，只見你款解雲衣，早現出珠輝玉麗，不由我對你、愛你、扶你、覷你、憐你！

〔生攜旦同下〕〔老旦〕念奴姐，你看萬歲爺與娘娘恁般恩愛，真令人羨殺也。〔貼〕便是。〔老旦〕

【鳳釵花絡索】【金鳳釵】花朝擁，月夜偎，嘗盡溫柔滋味。【勝如花】〔貼合〕鎮相連似影追形，分不開如刀劃水。【醉扶歸】

千般攔縱百般隨，兩人合一副腸和胃。【梧葉兒】密意口難提，寫不迭鴛鴦帳，綢繆無盡期。〔老旦〕姐姐，我與你伏侍娘娘多年，雖睹嬌容，未窺玉體。今日試從綺疏隙處，偷覷一覷何如？〔貼〕恰好，〔同作向內窺介〕【水紅花】〔合〕悄偷窺，亭亭玉體，宛似浮波菡萏，含露弄嬌輝。【浣溪紗】輕盈臂腕消香膩，綽約腰身漾碧漪。【望吾鄉】〔老旦〕明霞骨，沁雪肌。【大勝樂】〔貼〕一痕酥透雙蓓蕾，〔老旦〕半點春藏小麝臍。【傍妝臺】〔貼〕愛殺紅巾罅，私處露微微。永新姐，你看萬歲爺呵，【解三酲】凝睛睇，【八聲甘州】恁孜孜含笑，渾似呆痴。【一封書】〔合〕休說俺偷眼宮娥魂欲化，則他個見慣的君王也不自持。【皂羅袍】〔老旦〕恨不把春泉翻竭，〔貼〕恨不把玉山洗頹，〔老旦〕不住的香肩嗚嘬，〔貼〕不住的纖腰抱圍，【黃鶯兒】〔老旦〕俺娘娘無言匿笑含情對。〔貼〕意怡怡，【月兒高】靈液春風，澹蕩恍如醉。【排歌】〔老旦〕波光暖，日影暉，一雙龍戲出平池。【桂枝香】〔合〕險把個襄王渴倒陽臺下，恰便似神女攜將暮雨歸。

〔丑、副淨暗上笑介〕兩位姐姐，看得高興呵，也等我每看看。〔老旦、貼〕姐姐，我每伺候娘娘洗浴，有甚高興。〔丑、副淨笑介〕只怕不是伺候娘娘，還在那裡偷看萬歲爺哩。〔老旦、貼〕啐，休得胡說，萬歲爺同娘娘出來也。〔丑、副淨暗下〕〔生同旦上〕

【二犯掉角兒】【掉角兒】出溫泉新涼透體，睹玉容愈增光麗。最堪憐殘妝亂頭，翠痕乾，晚雲生膩。〔老旦、貼與生、旦穿衣介〕〔旦作嬌軟態，老旦、貼扶介〕〔生〕妃子，看你似柳含風，花怯露。軟難支，嬌無力，倩人扶起。〔二內侍引雜推小車上〕請萬歲爺娘娘上如意小車，回華清宮去。〔生〕將車兒後面隨着。〔二內侍〕領旨。〔生攜旦行介〕妃子，【排歌】朕和你肩相並，手共攜，不須花底小車催，【東甌令】趁撲面好風歸。

【尾聲】〔合〕意中人，人中意，則那些無情花鳥也情痴，一般的解結雙頭、學並棲。

〔生〕花氣渾如百和香，杜甫　〔旦〕避風新出浴盆湯。王建　〔生〕侍兒扶起嬌無力，白居易　〔旦〕笑倚東窗白玉床。李白

第二十二齣　密誓

【越調引子】【浪淘沙】〔貼扮織女，引二仙女上〕雲護玉梭兒，巧織機絲。天宮原不着相思，報道今宵逢七夕，忽憶年時。

【鵲橋仙】「纖雲弄巧，飛星傳信，銀漢秋光暗度。金風玉露一相逢，便勝卻人間無數。柔腸似水，佳期如夢，遙指鵲橋前路。

兩情若是久長時，又豈在朝朝暮暮。」吾乃織女是也。蒙上帝玉敕，與牛郎結為天上夫婦。年年七夕，渡河相見。今乃下界天寶十載，七月七夕。你看明河無浪，烏鵲將填，不免暫撤機絲，整妝而待。〔內細樂扮烏鵲上，繞場飛介〕〔前場設一橋，烏鵲飛止橋兩邊介〕〔二仙女〕鵲橋已駕，請娘娘渡河。〔貼起行介〕

【越調過曲】【山桃紅】【下山虎頭】俺這裡乍抛錦字，暫駕香輜。〔合〕趁碧落無雲滓，新涼暮颸，〔作上橋介〕踹上這橋影參差，俯映着河光淨此。【小桃紅】更喜殺新月纖，華露滋，低繞着烏鵲雙飛翅也，【下山虎尾】陡覺的銀漢秋生別樣姿。〔做過橋介〕〔二仙女〕啟娘娘，已渡過河來了。〔貼〕星河之下，隱隱望見香煙一簇，搖颺騰空，卻是何處？〔仙女〕是唐天子的貴妃楊玉環，在宮中乞巧哩。〔貼〕生受他一片誠心，不免同了牛郎，到彼一看。〔合〕天上留佳會，年年在斯，卻笑他人世情緣頃刻時。〔齊下〕

【商調過曲】【二郎神】〔二內侍挑燈，引生上〕秋光靜，碧沉沉輕煙送暝。雨過梧桐微做冷，銀河宛轉，纖雲點綴雙星。〔內作笑聲，生聽介〕順着風兒還細聽，歡笑隔花陰樹影。內侍，是那裡這般笑語？〔內侍問介〕萬歲爺問，那裡這般笑語？〔內〕是楊娘娘到長生殿去乞巧哩。〔內侍回介〕楊娘娘到長生殿去乞巧，故此笑語。〔生〕內侍每不要傳報，待朕悄悄前去。撤紅燈，待悄向龍墀覷個分明。〔虛下〕

【前腔】〔換頭〕〔旦引老旦、貼同二宮女各捧香盒、紈扇、瓶花、化生金盆上〕宮庭，金爐篆靄，燭光掩映。米大蜘蛛廝抱定，金盤種豆，花枝招颭銀瓶。〔老旦、貼〕已到長生殿中，巧筵齊備，請娘娘拈香。〔作將瓶花、化生盆設桌上，老旦捧香盒，旦拈香介〕妾身楊玉環，虔爇心香，拜告雙星，伏祈鑒祐。願釵盒情緣長久訂，〔拜介〕莫使做秋風扇冷。〔生潛上窺介〕覷聘婷，只見他拜倒在瑤階，暗祝聲聲。

〔老旦、貼作見生介〕呀，萬歲爺到了。〔旦急轉，拜生介〕〔生扶起介〕妃子在此，作何勾當？〔旦〕今乃七夕之期，陳設瓜果，特向天孫乞巧。〔生笑介〕妃子巧奪天工，何須更乞。〔旦〕惶愧。〔生、旦各坐介〕〔老旦、貼同二宮女暗下〕〔生〕妃子，朕想牽牛、織女隔斷銀河，一年才會得一度，這相思真非容易也。

【集賢賓】秋空夜永碧漢清，甫靈駕逢迎，奈天賜佳期剛半頃，耳邊厢容易雞鳴。雲寒露冷，又趲上經年孤另。〔旦〕陛下言及

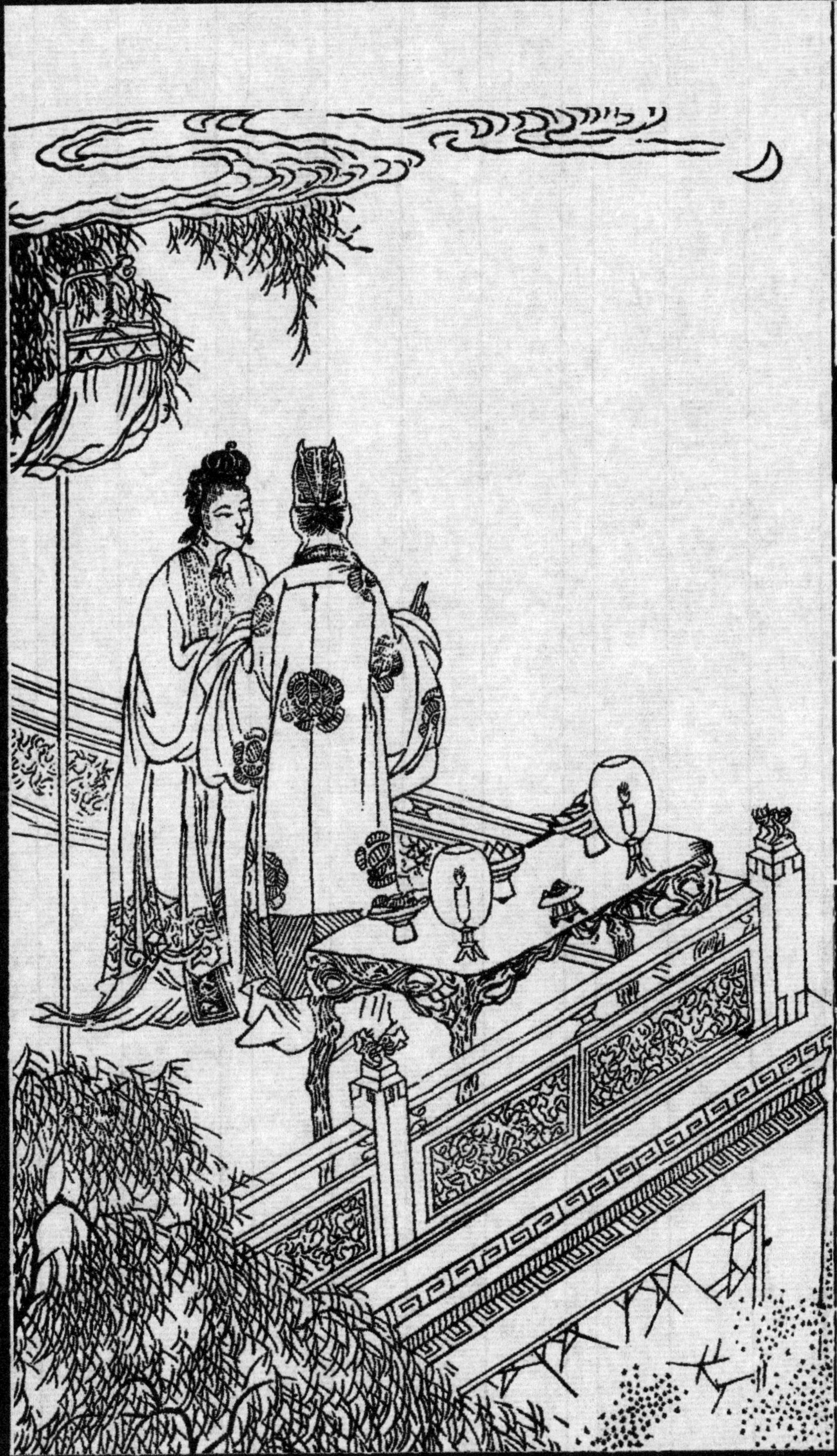

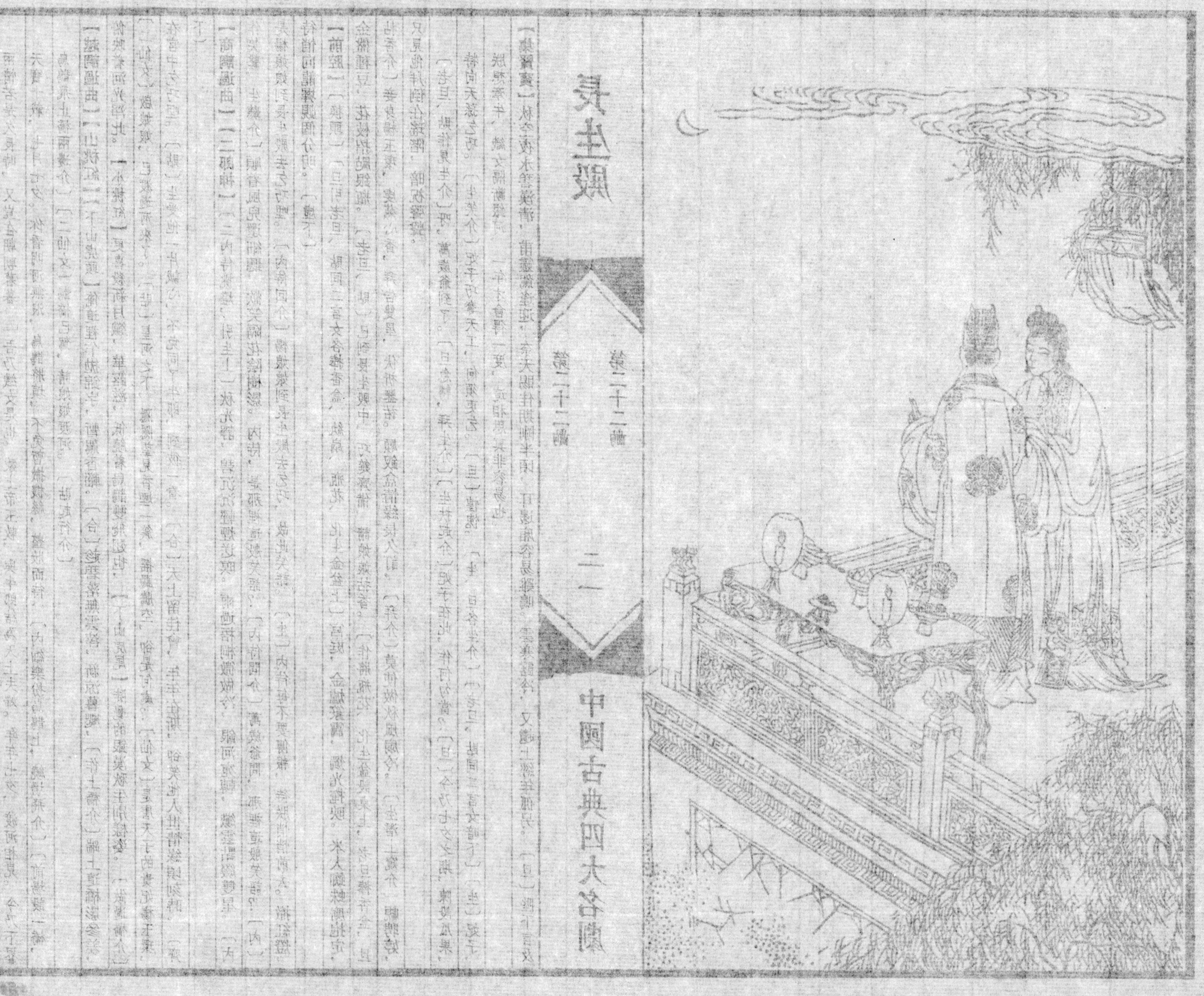

雙星別恨，使妾淒然。只可惜人間不知天上的事。如打聽，決為了相思成病。

〔做淚介〕〔生〕呀，妃子為何掉下淚來？〔旦〕妾想牛郎織女，雖則一年一見，卻是地久天長。只恐陛下與妾的恩情，不能夠似他長遠。〔生〕妃子說那裡話！

【黃鶯兒】仙偶縱長生，論塵緣也不恁爭。百年好占風流勝，逢時對景，增歡助情，怪伊底事反悲哽？〔移坐近旦低介〕問雙星，朝朝暮暮，爭似我和卿！

〔旦〕臣妾受恩深重，今夜有句話兒……〔住介〕〔生〕妃子有話，但說不妨。〔旦對生嗚咽介〕妾蒙陛下寵眷，六宮無比。只怕日久恩疏，不免白頭之歎！

【鶯簇一金羅】【黃鶯兒】提起便心疼，念寒微侍掖庭，更衣傍輦多榮幸。【簇御林】瞬息間，怕花老春無剩，【一封書】寵難憑。〔牽生衣泣介〕論恩情，【金鳳釵】若得一個久長時，死也應；若得一個到頭時，死也瞑。【皂羅袍】抵多少平陽歌舞，恩移愛更；長門孤寂，魂銷淚零；斷腸枉泣紅顏命！

〔生舉袖與旦拭淚介〕妃子，休要傷感。朕與你的恩情，豈是等閒可比。

【簇御林】休心慮，免淚零，怕移時，有變更。〔執旦手介〕做酥兒拌蜜膠粘定，總不離須臾頃。〔合〕話綿藤，花迷月暗，分不得影和形。

〔旦〕既蒙陛下如此情濃，趁此雙星之下，乞賜盟約，以堅終始。〔生〕朕和你焚香設誓去。〔攜旦行介〕

【琥珀貓兒墜】〔合〕香肩斜靠，攜手下階行。一片明河當殿橫，〔旦〕羅衣陡覺夜涼生。〔生〕惟應和你悄語低言，海誓山盟。

〔生上香揖同旦福介〕雙星在上，我李隆基與楊玉環，〔旦合〕情重恩深，願世世生生，共為夫婦，永不相離。有渝此盟，雙星鑒之。〔生又揖介〕在天願為比翼鳥，〔旦拜介〕在地願為連理枝。〔合〕天長地久有時盡，此誓綿綿無絕期。〔旦拜謝生介〕深感陛下情重，今夕之盟，妾死生守之矣。〔生攜旦介〕

【尾聲】長生殿裡盟私訂。〔旦〕問今夜有誰折證？〔生指介〕是這銀漢橋邊，雙雙牛、女星。〔同下〕

【越調過曲】【山桃紅】〔小生扮牽牛，雲巾、仙衣，同貼引仙女上〕只見他誓盟密矢，拜禱孜孜，兩下情無二，口同一辭。〔小生〕天孫，你看唐天子與楊玉環，好不恩愛也！悄相偎，倚着香肩，沒些縫兒。我與你既締天上良緣，當作情場管領。況他又向我等設盟，須索與他保護。見了他戀比翼，慕並枝，願生生世世情真至也，合令他長作人間風月司。〔貼〕只是他兩人劫難將至，免不得生離死別。若果後來不背今盟，決當為之綰合。〔小生〕天孫言之有理。你看夜色將闌，且回斗牛宮去。〔攜貼行介〕〔合〕天上留佳會，年年在斯，卻笑他人世情緣頃刻時！

何用人間歲月催，羅鄴　星橋橫過鵲飛回。李商隱　莫言天上稀相見，李郢　沒得心情送巧來。羅隱

第二十三齣　陷關

【越調引子】【杏花天】〔淨領二番將，四軍執旗上〕狼貪虎視威風大，鎮漁陽兵雄將多。待長驅直把殽函破，奏凱日齊聲唱歌。

咱家安祿山，自出鎮以來，結連塞上諸蕃，招納天下亡命，精兵百萬，大事可舉。只因唐天子待我不薄，思量等他身後方纔起兵。叵耐楊國忠那廝，屢次說我反形大著，請皇上急加誅戮。天子雖然不聽，只是咱在邊關，他在朝內，若不早圖，終恐遭其暗算。因此假造敕書，說奉密旨，召俺領兵入朝誅戮國忠。乘機打破西京，奪取唐室江山，可不遂了我平生大願！今乃黃道吉日，番將每，就此起兵前去。〔眾〕得令。〔發號行介〕〔淨

【越調過曲】【豹子令】只為奸臣釀大禍，〔眾〕釀大禍，〔淨〕致令邊鎮起干戈。〔眾〕起干戈。〔合〕逢城攻打逢人剁，屍橫遍野血流河，燒家劫舍搶嬌娥。〔喊殺下〕

【水底魚】〔丑白鬚扮哥舒老將引二卒上〕年紀無多，剛剛八十過。漁陽兵至，認咱這老哥。自家老將哥舒翰是也，把守潼關。不料安祿山造反，殺奔前來，決意閉關死守。爭奈監軍內侍，立逼出戰。勢不由己，軍士每，與我併力殺上前去。〔卒〕得令。〔行介〕〔淨領眾殺上〕〔丑迎殺大戰介〕〔淨眾擒丑綁介〕〔淨〕拿這老東西過來。我今饒你老命，快快獻關降順。〔丑〕事已至此，只得投降。〔眾推丑下〕〔淨〕且喜潼關已得，勢如破竹，大小三軍，就此殺奔西京便了。〔眾應，吶喊行介〕躍馬揮戈，精兵百萬多。靴尖略動，踏殘山與河，踏殘山與河。

平旦交鋒晚未休，王道　動天金鼓逼神州。韓偓　潼關一敗番兒喜，司空圖　倒把金鞭上酒樓。薛逢

第二十四齣　驚變

〔丑上〕「玉樓天半起笙歌，風送宮嬪笑語和。月殿影開聞夜漏，水晶簾捲近秋河。」咱家高力士，奉萬歲爺之命，着咱在御花園中安排小宴。要與貴妃娘娘同來遊賞，只得在此伺候。〔生、旦乘輦，老旦、貼隨後，二內侍引，行上〕

【北中呂粉蝶兒】天淡雲閒，列長空數行新雁。御園中秋色斕斑：柳添黃，蘋減綠，紅蓮脫瓣。一抹雕闌，噴清香桂花初綻。

〔到介〕〔丑〕請萬歲爺娘娘下輦。〔生、旦下輦介〕〔丑同內侍暗下〕〔生〕妃子，朕與你散步一回者。〔旦〕陛下請。

〔生攜旦手介〕〔旦〕

【南泣顏回】攜手向花間，暫把幽懷同散。涼生亭下，風荷映水翩翻。愛桐陰靜悄，碧沉沉並繞迴廊看。戀香巢秋燕依人，睡銀塘鴛鴦蘸眼。

〔生〕高力士，將酒過來，朕與娘娘小飲數杯。〔丑〕宴已排在亭上，請萬歲爺娘娘上宴。〔旦作把盞，生止住介〕妃子坐了。

【北石榴花】不勞你玉纖纖高捧禮儀煩，子待借小飲對眉山。俺與你淺斟低唱互更番，三杯兩盞，遣興消閒。妃子，今日雖是小宴，倒也清雅。迴避了御廚中，迴避了御廚中烹龍炰鳳堆盤案，咿咿啞啞樂聲催趲。只幾味脆生生，只幾味脆生生蔬和果清肴饌，雅稱你仙肌玉骨美人餐。

妃子，朕與你清遊小飲，那些梨園舊曲，都不耐煩聽他。記得那年在沉香亭上賞牡丹，召翰林李白草《清平調》三章，令李龜年度成新譜，其詞甚佳。不知妃子還記得麼？〔旦〕妾還記得。〔生〕妃子可為朕歌之，朕當親倚玉笛以和。〔旦〕領旨。

〔老旦進玉笛，生吹介〕〔旦按板介〕

【南泣顏回】花繁，穠豔想容顏。雲想衣裳光璨，新妝誰似，可憐飛燕嬌懶。名花國色，笑微微常得君王看。向春風解釋春愁，沉香亭同倚闌干。

〔生〕妙哉，李白錦心，妃子繡口，真雙絕矣。宮娥，取巨觴來，朕與妃子對飲。〔老旦、貼送酒介〕〔生〕

【北鬥鵪鶉】暢好是喜孜孜駐拍停歌，喜孜孜駐拍停歌，笑吟吟傳杯送盞。妃子乾一杯。〔作照乾介〕不須他絮煩煩射覆藏鉤，鬧紛紛彈絲弄板。〔又作照杯介〕妃子，再乾一杯。〔旦〕妾不能飲了。〔生〕宮娥每，跪勸。〔老旦、貼〕領旨。〔跪旦介〕娘娘，請上這一杯。〔旦勉飲介〕〔老旦、貼作連勸介〕〔生〕我這裡無語持觴仔細看，早子見花一朵上腮間。〔旦作醉介〕妾真醉矣。〔生〕一會價軟咍咍柳嚲花欹，軟咍咍柳嚲花欹，困騰騰鶯嬌燕懶。

妃子醉了，宮娥每，扶娘娘上輦進宮去者。〔老旦、貼〕領旨。〔作扶旦起介〕〔旦作醉態呼介〕萬歲！〔老旦、貼扶旦行〕

〔旦作醉態介〕

【南撲燈蛾】態懨懨輕雲軟四肢，影濛濛空花亂雙眼，嬌怯怯柳腰扶難起，困沉沉強抬嬌腕，軟設設金蓮倒褪，亂鬆鬆香肩嚲雲鬟。美甘甘思尋鳳枕，步遲遲倩宮娥攙入繡幃間。

〔老旦、貼扶旦下〕〔丑同內侍暗上〕〔內擊鼓介〕〔生驚介〕何處鼓聲驟發？〔副淨急上〕「漁陽鼙鼓動地來，驚破霓裳羽衣曲。」〔問丑介〕萬歲爺在那裡？〔丑〕在御花園內。〔副淨〕軍情緊急，不免徑入。〔進見介〕陛下，不好了。安祿山起兵造反，殺過潼關，不日就到長安了。〔生大驚介〕守關將士何在？〔副淨〕哥舒翰兵敗，已降賊了。〔生〕

【北上小樓】呀，你道失機的哥舒翰……稱兵的安祿山，赤緊的離了漁陽，陷了東京，破了潼關。唬得人膽戰心搖，唬得人膽戰心搖，腸慌腹熱，魂飛魄散，早驚破月明花粲。

卿有何策，可退賊兵？〔副淨〕當日臣曾再三啟奏，祿山必反，陛下不聽，今日果應臣言。事起倉卒，怎生抵敵？不若權時幸蜀，以待天下勤王。〔生〕依卿所奏。快傳旨，諸王百官，即時隨駕幸蜀便了。〔副淨〕領旨。〔急下〕〔生〕高力士，快些整備軍馬。傳旨令右龍武將軍陳元禮，統領羽林軍士三千扈駕前行。〔丑〕領旨。〔下〕〔內侍〕請萬歲爺回宮。〔生轉行嘆介〕唉，正爾歡娛，不想忽有此變，怎生是了也！

【南撲燈蛾】穩穩的宮庭宴安，擾擾的邊廷造反。鼕鼕的鼙鼓喧，騰騰的烽火黫。的溜撲碌臣民兒逃散，黑漫漫乾坤覆翻，磣磕磕社稷摧殘，磣磕磕社稷摧殘。當不得蕭蕭颯颯西風送晚，黯黯的一輪落日冷長安。

〔向內問介〕宮娥每，楊娘娘可曾安寢？〔老旦、貼內應介〕已睡熟了。〔生〕不要驚他，且待明早五鼓同行。〔泣介〕天那，寡人不幸，遭此播遷，累他玉貌花容，驅馳道路。好不痛心也！

【南尾聲】在深宮兀自嬌慵慣，怎樣支吾蜀道難！〔哭介〕我那妃子呵，愁殺你玉軟花柔，要將途路趲。

宮殿參差落照間，盧綸　漁陽烽火照函關。吳融　遏雲聲絕悲風起，胡曾　何處黃雲是隴山。武元衡

第二十五齣

第二十五齣出　埋玉

【南呂過曲】【金錢花】〔末扮陳元禮引軍士上〕擁旄仗鉞前驅，前驅；羽林擁衛鑾輿，鑾輿。匆匆避賊就征途。人跋涉，路崎嶇。知何日，到成都。

下官右龍武將軍陳元禮是也。因祿山造反，破了潼關。聖上避兵幸蜀，命俺統領禁軍扈駕。行了一程，早到馬嵬驛了。〔內鼓噪介〕〔末〕眾軍為何吶喊？〔內〕祿山造反，聖駕播遷，都是楊國忠弄權，激成變亂。若不斬此賊臣，我等死不扈駕。〔末〕眾軍不必鼓噪，暫且安營。待我奏過聖上，自有定奪。〔內應介〕〔末引軍重唱「人跋涉」四句下〕〔生同旦騎馬，引老旦、貼、丑行上〕

【中呂過曲】【粉孩兒】匆匆的棄宮闈珠淚灑，歎清清冷冷半張鑾駕，望成都直在天一涯。漸行來漸遠京華，五六搭剩水殘山，兩三間空舍崩瓦。

〔丑〕來此已是馬嵬驛了，請萬歲爺暫住鑾駕。〔生、旦下馬，作進坐介〕〔生〕寡人不道，誤寵逆臣，致此播遷，悔之無及。妃子，只是累你勞頓，如之奈何！〔旦〕臣妾自應隨駕，焉敢辭勞。只願早早破賊，大駕還都便好。〔內又喊介〕楊國忠專權誤國，今又交通吐蕃，我等誓不與此賊俱生。要殺楊國忠的，快隨我等前去。〔雜扮四軍提刀趕副淨上，繞場奔介〕〔軍作殺副淨，吶喊下〕〔生驚介〕高力士，外面為何喧嚷？快宣陳元禮進來。〔丑〕領旨。〔宣介〕〔末上見介〕臣陳元禮見駕。〔生〕眾軍為何吶喊？〔末〕臣啟陛下：楊國忠專權召亂，又與吐蕃私通。激怒六軍，竟將國忠殺死了。〔生作驚介〕呀，有這等事。〔旦作背掩淚介〕〔生沉吟介〕這也罷了，傳旨起駕。〔末出傳旨介〕聖旨道來，赦汝等擅殺之罪。作速起行。〔內又喊介〕國忠雖誅，貴妃尚在。不殺貴妃，誓不扈駕。〔末見生介〕眾軍道，國忠雖誅，貴妃尚在，不肯起行。望陛下割恩正法。〔生作大驚介〕哎呀，這話如何說起！〔旦慌牽生衣介〕〔生〕將軍，

【紅芍藥】國忠縱有罪當加，現如今已被劫殺。妃子在深宮自隨駕，有何干六軍疑訝。〔末〕聖諭極明，只是軍心已變，如之奈何！〔生〕卿家，作速曉諭他，恁狂言沒些高下。〔內又喊介〕〔末〕陛下呵，聽軍中恁地喧嘩，教微臣怎生彈壓！〔旦哭介〕陛下呵，

【耍孩兒】事出非常堪驚詫。已痛兄遭戮，奈臣妾又受波查。是前生事已定，薄命應折罰。望吾皇急切拋奴罷，只一句傷心話……

〔生〕妃子且自消停。〔內又喊介〕不殺貴妃，死不扈駕。〔末〕臣啟陛下：貴妃雖則無罪，國忠實其親兄，今在陛下左右，軍心不安。若軍心安，則陛下安矣。願乞三思。〔生沉吟介〕

【會河陽】無語沉吟，意如亂麻。〔旦牽生衣哭介〕痛生生怎地捨官家！〔合〕可憐一對鴛鴦，風吹浪打，直恁的遭強霸！〔內又喊介〕〔旦哭介〕眾軍逼得我心驚唬，〔生作呆想，忽抱旦哭介〕貴妃，好教我難禁架！

〔眾軍吶喊上，繞場、圍驛下〕〔丑〕萬歲爺，外廂軍士已把驛亭圍了。若再遲延，恐有他變，怎麼處？〔生〕陳元禮，你快去安撫三軍，朕自有道理！〔末〕領旨。〔下〕〔生、旦抱哭介〕〔旦〕

【縷縷金】魂飛顫，淚交加。〔生〕堂堂天子貴，不及莫愁家。〔合哭介〕難道把恩和義，霎時拋下！〔旦跪介〕臣妾受皇上深恩，殺身難報。今事勢危急，望賜自盡，以定軍心。陛下得安穩至蜀，妾雖死猶生也。算將來無計解軍譁，殘生願甘罷，殘生願甘罷！

〔哭倒生懷介〕〔生〕妃子說那裡話！你若捐生，朕雖有九重之尊，四海之富，要他則甚！寧可國破家亡，決不肯拋捨你也！

【攤破地錦花】任讙譁，我一謎妝聾啞，總是朕差。現放着一朵嬌花，怎忍見風雨摧殘，斷送天涯。若是再禁加，拚代你隕黃沙。

〔旦〕陛下雖則恩深，但事已至此，無路求生。若再留戀，倘玉石俱焚，益增妾罪。望陛下捨妾之身，以保宗社。〔丑作掩淚，跪介〕娘娘既慷慨捐生，望萬歲爺以社稷為重，勉強割恩罷。〔內又喊介〕〔生頓足哭介〕罷罷，妃子既執意如此，朕也做不得主了。高力士，只得但、但憑娘娘罷！〔作哽咽、掩面哭下〕〔旦朝上拜介〕萬歲！〔作哭倒介〕〔丑向內介〕眾軍聽着，萬歲爺已有旨，賜楊娘娘自盡了。〔眾內呼介〕萬歲，萬歲，萬萬歲！〔丑扶旦起介〕娘娘，請到後邊去。〔扶旦行介〕

〔旦哭介〕

【哭相思】百年離別在須臾，一代紅顏為君盡！

〔轉作到介〕〔丑〕這裡有座佛堂在此。〔旦作進介〕且住，待我禮拜佛爺。〔拜介〕佛爺，佛爺！念楊玉環呵，

【越恁好】罪孽深重，罪孽深重，望我佛度脫咱。〔丑拜介〕願娘娘好處生天。〔旦起哭介〕〔丑跪哭介〕娘娘，有甚話兒，分付奴婢幾句。〔旦〕高力士，聖上春秋已高，我死之後，只有你是舊人，能體聖意，須索小心奉侍。再為我轉奏聖上，今後休要念我了。〔丑哭應介〕奴婢曉得。〔旦〕高力士，我還有一言。〔作除釵、出盒介〕這金釵一對，鈿盒一枚，是聖上定情所賜。你可將來與我殉葬，萬萬不可遺忘。〔丑接釵盒介〕奴婢曉得。〔旦哭介〕斷腸痛殺，說不盡恨如麻。〔末領軍擁上〕楊妃既奉旨賜死，何得停留，稽遲聖駕。〔軍吶喊介〕〔丑向前攔介〕眾軍士不得近前，楊娘娘即刻歸天了。〔旦〕唉，陳元禮，陳元禮，你兵威不向逆寇加，逼奴自殺。〔軍又喊介〕〔丑〕不好了，軍士每擁進來了。〔旦看介〕唉，罷、罷，這一株梨樹，是我楊玉環結果之處了。〔作腰間解出白練，拜介〕臣妾楊玉環，叩謝聖恩。從今再不得相見了。〔丑泣介〕〔旦作哭縊介〕我那聖上呵，我一命兒便死在黃泉下，一靈兒只傍着黃旗下。

〔做縊死下〕〔末〕楊妃已死，眾軍速退。〔眾應同下〕〔丑哭介〕我那娘娘呵！〔下〕〔生上〕「六軍不發無奈何，宛轉蛾眉馬前死。」〔丑持白練上，見生介〕啟萬歲爺，楊娘娘歸天了。〔生作呆不應介〕〔丑又啟介〕楊娘娘歸天了。自縊的白練在此。〔生看大哭介〕哎喲，妃子，妃子，兀的不痛殺寡人也！〔倒介〕〔丑扶介〕〔生哭介〕

【紅繡鞋】當年貌比桃花，桃花；〔丑〕今朝命絕梨花，梨花。〔出釵盒介〕這金釵、鈿盒，是娘娘分付殉葬的。〔生看釵盒哭介〕這釵和盒，是禍根芽。長生殿，恁歡洽；馬嵬驛，恁收煞！

〔丑〕倉卒之間，怎生整備棺槨？〔生〕也罷，權將錦褥包裹。須要埋好記明，以待日後改葬。這釵盒就繫娘娘衣上罷。〔丑〕領旨。〔下〕〔生哭介〕

【尾聲】溫香豔玉須臾化，今世今生怎見他！〔末上跪介〕請陛下起駕。〔生頓足恨介〕咳，我便不去西川也值什麼！〔內吶喊、掌號，眾軍上〕

【仙呂入雙調過曲】【朝元令】〔丑暗上，引生上馬行介〕〔合〕長空霧黏，旌旆寒風颭。長征路淹，隊仗黃塵染。誰料君臣，共嘗危險。恨賊寇橫興逆焰，烽火相兼，何時得將豺虎殲。遙望蜀山尖，回將鳳闕瞻，浮雲數點，咫尺把長安遮掩，長安遮掩。

翠華西拂蜀雲飛，章碣　天地塵昏九鼎危。吳融
蟬鬢不隨鑾駕去，高駢　空驚鴛鴦忽相隨。錢起

第二十六齣　獻飯

【黃鍾引子】【西地錦】〔生引丑上〕懊恨蛾眉輕喪，一宵千種悲傷。早來慵把金鞭揚，午餘玉粒誰嘗。

寡人匆匆西幸，昨在馬嵬驛中，六軍不發。無計可施，只得把妃子賜死。〔淚介〕咳，空做一朝天子，竟成千古忍人。勉強行了一程，已到扶風地面。駐蹕鳳儀宮內，不免少息片時。〔外扮老人持麥飯上〕「炙背可以見天子，獻芹由來知野人。」老漢扶風野老郭從謹是也。聞知皇上西巡，暫駐鳳儀宮內。老漢煮得一碗麥飯，特來進獻，以表一點敬心。〔見丑介〕公公，煩乞轉奏一聲，說野人郭從謹特來進飯。〔丑傳介〕〔生〕召他進來。〔外進見介〕草莽小臣郭從謹見駕。〔生〕你是那裡人？

〔外〕念小臣呵，

【黃鍾過曲】【降黃龍】生長扶風，白首躬耕，共慶時康。聽驀然變起，鳳輦遊巡，無限驚惶。聊將一盂麥飯，匍匐向旗門陳上。願吾君不嫌粗糲，野人供養。

〔生〕生受你了，高力士取上來。〔丑接飯送生介〕〔生看介〕寡人晏處深宮，從不曾嘗着此味。

【前腔】〔換頭〕尋常、進御大官，饌玉炊金，食前方丈，珍羞百味，猶兀自嫌他調和無當。〔淚介〕不想今日，卻將此物充飢。淒涼、帶麩連麥，這飯兒如何入嗓？〔略吃便放介〕抵多少滹沱河畔、失路蕭王！

〔外〕陛下，今日之禍，可知為誰而起？〔生〕你道為着誰來？〔外〕陛下若赦臣無罪，臣當冒死直言。〔生〕但說不妨。〔外〕只為那楊國忠呵，

【前腔】〔換頭〕猖狂，倚恃國親，納賄招權，毒流天壤。他與安祿山，十年構釁，一旦裡兵戈起自漁陽。〔生〕國忠構釁，祿山謀反，寡人那裡知道。〔外〕那祿山呵，包藏禍心日久，四海都知逆狀。去年有人上書，告祿山逆跡，陛下反賜誅戮。誰肯再甘心鈇鉞，來奏君王。

〔生作恨介〕此乃朕之不明，以致於此。

【前腔】〔換頭〕斟量，明目達聰，原是為君的理當察訪。朕記得姚崇、宋璟為相的時節，把直言數進，萬里民情，如在同堂。不料姚、宋亡後，滿朝臣宰，一味貪位取容。郭從謹呵，倒不如伊行，草野懷忠，直指出逆藩奸相。〔外〕若不是陛下巡幸到此，

小臣那裡得見天顏。〔生淚介〕空教我噬臍無及，恨塞飢腸。

〔外〕陛下暫息龍體，小臣告退。〔嘆介〕「從饒白髮千莖雪，難把丹心一寸灰。」〔下〕〔副淨扮使臣、二雜抬綵上〕

【太平令】鳥道羊腸，春綵馱來驛路長。連山鈴鐸頻搖響，看日近帝都旁。

自家成都道使臣，奉節度使之命，解送春綵十萬疋到京。聞得駕幸扶風，不免就此進上。〔向丑介〕煩乞啟奏一聲，說成都使臣，貢春綵到此。〔丑進奏介〕〔生〕春綵照數收明，打發使臣回去。〔二雜抬綵進介〕〔副淨同二雜下〕〔生〕高力士，可召集將士，朕有面諭。〔丑〕萬歲爺宣召龍武軍將士聽旨。〔眾扮將士上〕「曉起聽金鼓，宵眠抱玉鞍。」龍武軍將士叩見萬歲爺。〔生〕將士每，聽朕道來，

【前腔】變出非常，遠避兵戈涉異方。勞伊倉卒隨行仗，今日呵，別有個好商量。

〔眾〕不知萬歲爺有何諭旨？〔生〕

【黃龍袞】征人憶故鄉，征人憶故鄉，蜀道如天上。不忍累伊每，把妻兒父母輕撇漾。朕待獨與子孫中官，慢慢的捱到蜀中。爾等今日，便可各自還家。省得跋涉程途，飢寒勞攘。高力士，可將使臣進來春綵，分給將士，以為盤費。沒軍資，分綵幣，聊充餉。

〔丑應分綵介〕〔眾哭介〕萬歲爺聖諭及此，臣等寸心如割。自古養軍千日，用在一朝。臣等呵，

【前腔】無能滅虎狼，無能滅虎狼，空愧熊羆將。生死願從行，軍聲齊恃天威壯。這春綵，臣等斷不敢受。請留待他時論功行賞，若有違心，皇天鑒，決不爽。

〔生〕爾等忠義雖深，朕心實有不忍，還是回去罷。〔眾〕呀，萬歲爺，莫不因貴妃娘娘之死，有些疑惑麼？〔生〕非也。

【尾聲】他長安父老多懸望，你每回去呵，煩說與翠華無恙。〔眾〕萬歲爺休出此言，臣等情願隨駕，誓無二心。〔合〕只待淨掃妖氛，一同返帝鄉。

〔生〕天色已晚，今夜就此權駐。明日早行便了。〔眾〕領旨。

萬里飛沙咽鼓鼙，錢起　〔丑〕沉沉落日向山低。駱賓王　〔生〕如今悔恨將何益，韋莊　〔丑〕更忍車輪獨向西？周曇

第二十七齣　冥追

【商調過曲】【山坡五更】〔魂旦白練繫頸上，服色照前「埋玉」折〕惡噷噷一場嘍囉，亂匆匆一生結果。蕩悠悠一縷斷魂，痛察察一條白練香喉鎖。**【五更轉】**風光盡，信誓捐，形骸涴。只有痴情一點、一點無摧挫，拚向黃泉，牢牢擔荷。

我楊玉環隨駕西行，剛到馬嵬驛內，不料六軍變亂，立逼投繯。〔泣介〕唉，不知聖駕此時到那裡了！我一靈渺渺，飛出驛中，不免望着塵頭，追隨前去。〔行介〕

【北雙調新水令】望鑾輿，纔離了馬嵬坡，咫尺間不能飛過。俺悄魂輕似葉，他征騎疾如梭。剛打個磨陀，翠旗尖又早被樹煙鎖。

〔虛下〕

【南仙呂入雙調】【步步嬌】〔生引丑、二內侍、四軍擁行上〕沒揣傾城遭凶禍，去住渾無那。行行喚奈何，馬上回頭，兩淚交墮。

〔丑〕啟萬歲爺，前面就是駐蹕之處了。〔生嘆介〕唉，我已厭一身多，傷心更說甚今宵臥。〔齊下〕

【北折桂令】〔旦行上〕一停停古道透迤，俺只索虛趁雲行，弱倩風馱。〔向內望科〕呀，好了。望見大駕，就在前面了也。這不是羽蓋飄揚，鸞旌蕩漾，翠輦嵯峨！不免疾忙趕上者。〔急行科〕願一靈早依御座，便牢牽袞袖黃羅。〔內鳴鑼作風起科〕〔旦作驚退科〕呀，我望着鑾輿，正待趕上。忽然黑風過處，遮斷去路，影都不見了。好苦啊，暗濛濛煙障林阿，杳沉沉霧塞山河，閃搖搖不住徘徊，悄冥冥怎樣騰挪？

〔貼在內叫苦介〕〔旦〕你看那邊愁雲苦霧之中，有個鬼魂來了，且閃過一邊。〔虛下〕〔貼扮虢國夫人魂上〕

【南江兒水】豔冶風前謝，繁華夢裡過。風流誰識當初我？玉碎香殘荒郊臥，雲拋雨斷重泉墮。〔二鬼卒上〕哇，那裡去？〔貼〕奴家虢國夫人。〔鬼卒笑介〕原來就是你。你生前也忒受用了，如今且隨我到枉死城中去。〔貼哭介〕哎喲，好苦呵，怨恨如山堆垛。只問你多大幽城，怕着不下這愁魂一個！

〔雜拉貼叫苦下〕〔旦急上看科〕呀，方纔這個是我裴家姊姊，也被亂兵所害了。兀的不痛殺人也！

【北雁兒落帶得勝令】想當日天邊奪笑歌，今日裡地下同零落。痛殺俺冤由一命招，更不想慘累全家禍。呀，空落得提起着淚滂沱，何處把恨消磨！怪不得四下愁雲裹，都是俺千聲怨聲呵。〔望科〕那邊又是一個鬼魂，滿身鮮血，飛奔前來。好怕人也！悲麼，泣孤魂獨自無回和。驚麼，只落得伴冥途野鬼多。〔虛下〕

【南僥僥令】〔副淨扮楊國忠鬼魂跑上〕生前遭劫殺，死後見閻羅。〔牛頭執鋼叉，夜叉執鐵鎚、索上攔介〕〔副淨跑下〕〔牛頭、夜叉復趕上〕楊國忠那裡走？〔副淨〕呀，我是當朝宰相，方纔被亂兵所害。你每做甚，又來攔我？〔牛頭〕奸賊，俺奉閻王之命，特來拿你。還不快走。〔副淨〕那裡去？〔牛頭、夜叉〕向小小酆都城一座，教你去劍樹與刀山尋快活。

〔牛頭拉副淨，執叉叉背，夜叉鎖副淨下〕〔旦急上看科〕呵呀，那不是我的哥哥。好可憐人也！〔作悲科〕

【北收江南】呀，早則是五更短夢，瞥眼醒南柯。把榮華拋卻，只留得罪殃多。唉，想我哥哥如此，奴家豈能無罪？怕形消骨化，懺不了舊情魔。且住，一望茫茫，前行無路，不如仍舊到馬嵬驛中去罷。〔轉行科〕待重轉驛坡，心又早怯懦。聽了這歸林暮雀，猶錯認亂軍呵。

〔虛下〕〔副淨扮土地上〕「地下常添枉死鬼，人間難覓返魂香。」小神馬嵬坡土地是也。奉東嶽帝君之命，道貴妃楊玉環原係蓬萊仙子，今死在吾神界內。特命將他肉身保護，魂魄安頓，以候玉旨。不免尋他去來。〔行介〕

【南園林好】只他在翠紅鄉歡娛事過，粉香叢冤孽債多，一霎做電光石火。將肉質護泉窩，教魂魄守墳窠。〔虛下〕

【北沽美酒帶太平令】〔旦行上〕度寒煙蔓草坡，行一步一延俄。〔看介〕呀，這樹上寫的有字，待我看來。〔作念科〕貴妃楊娘娘葬此。〔作悲科〕原來把我就埋在此處了。唉，玉環，玉環！〔泣科〕只道冷土荒堆樹半棵，便是娉婷嬝娜，落來的好巢窩。我臨死之時，曾分付高力士，將金釵、鈿盒與我殉葬，不知曾埋下否？怕舊物向塵埃拋墮，則俺這真情肯為生死差訛？就是果然埋下呵，還只怕這殘屍敗蛻，抱不牢同心並朵。不免叫喚一聲，〔叫科〕楊玉環，你的魂靈在此。我呵，悄臨風叫他、喚他。〔泣科〕可知道伊原是我，呀，直恁地推眠妝臥！

〔副淨上喚科〕兀那啼哭的，可是貴妃楊玉環鬼魂麼？〔旦〕奴家正是。是何尊神？乞恕冒犯。〔副淨〕吾神乃馬嵬坡土地。〔旦〕望尊神與奴做主咱。〔副淨〕貴妃聽吾道來：「你本是蓬萊仙子，因微過謫落凡塵。今雖是浮生限滿，舊仙山隔斷紅雲。」〔代旦解白練科〕吾神奉嶽帝敕旨，解冤結免汝沉淪。〔旦福科〕多謝尊神，只不知奴與皇上，還有相見之日麼？〔副淨〕此事非吾神所曉。〔旦作悲科〕〔副淨〕貴妃，且在馬嵬驛暫住幽魂，吾神去也。〔下〕〔旦〕苦呵，不免到驛中佛堂裡，暫且棲托則個。〔行科〕

【南尾聲】重來絕命庭中過，看樹底淚痕猶涴。怎能夠飛去蓬山尋舊果！

土埋冤骨草離離，儲嗣宗　回首人間總禍機。薛能
雲雨馬嵬分散後，韋絢　何年何路得同歸。韋莊

第二十八齣　罵賊

〔外扮雷海青抱琵琶上〕「武將文官總舊僚，恨他反面事新朝。綱常留在梨園內，那惜伶工命一條。」自家雷海青是也。蒙天寶皇帝隆恩，在梨園部內做一個供奉。不料祿山作亂，破了長安，皇帝駕幸西川去了。那滿朝文武，平日裡高官厚祿，蔭子封妻。享榮華，受富貴。那一件不是朝廷恩典！如今卻一個個貪生怕死，背義忘恩，爭去投降不迭。只圖安樂一時，那顧罵名千古。唉，豈不可羞，豈不可恨！我雷海青雖是一個樂工，那些沒廉恥的勾當，委實做不出來。今日祿山與這一班逆黨，大宴凝碧池頭，傳集梨園奏樂。俺不免乘此，到那廝跟前，痛罵一場，出了這口憤氣。便粉骨碎身，也說不得了。且抱着琵琶，去走一遭也呵！

【仙呂村裡迓鼓】雖則俺樂工卑濫，硜硜愚暗，也不曾讀書獻策，登科及第，向鵷班高站。只這血性中，胸脯內，倒有些忠肝義膽。今日個睹了喪亡，遭了危難，值了變慘，不由人痛切齒，聲吞恨銜。

【元和令】恨子恨潑腥羶莽將龍座淹，癩蝦蟆妄想天鵝啖，生克擦直逼的個官家下殿走天南。你道恁胡行堪不堪？縱將他寢皮食肉也恨難劖。誰想那一班兒沒掂三，歹心腸，賊狗男，

【上馬嬌】平日價張着口將忠孝談，到臨危翻着臉把富貴貪。早一齊兒搖尾受新銜，把一個君親仇敵當作恩人感。咱，只問你蒙面可羞慚？

【勝葫蘆】眼見的去做忠臣沒個敢。雷海青呵，若不把一肩擔，可不枉了戴髮含牙人是俺。但得綱常無缺，鬚眉無愧，便九死也心甘。

〔下〕

【中呂引子】【繞紅樓】〔淨引二軍士上〕搶占山河號大燕，袍染赭，冠戴衝天。凝碧清秋，梨園小部，歌舞列瓊筵。

孤家安祿山。自從范陽起兵，所向無敵，長驅西入，直抵長安。唐家皇帝，逃入蜀中去了，錦繡江山，歸吾掌握。〔笑介〕好不快活。今日聚集百官，在凝碧池上做個太平筵宴，灑樂一回。內侍每，眾官可曾齊到？〔雜〕都在外殿伺候。〔淨〕宣

過來。〔軍〕領旨。〔宣介〕主上宣百官進見。〔四偽官上〕「今日新天子，當時舊宰臣。同為識時者，不是負恩人。」

〔見介〕臣等朝見。願主上萬歲，萬萬歲！〔淨〕眾卿平身。孤家今日政務稍閒，特設宴在凝碧池上，與卿等共樂太平。

〔四偽官〕萬歲。〔軍〕筵宴完備，請主上升宴。〔內奏樂，四偽官跪送酒介〕〔淨〕

【中呂過曲】【尾犯序】龍戲碧池邊，正五色雲開，秋氣澄鮮。紫殿逍遙，暫停吾玉鞭。開宴，走緋衣，鸞刀細割；揎錦袖，犀盤滿獻。

〔四偽官獻酒再拜介〕瑤池下，熊羆鴛鷺，拜送酒如泉。

〔淨〕內侍每，傳旨喚梨園子弟奏樂。〔軍〕領旨。〔向內介〕主上有旨，着梨園子弟奏樂。〔內應奏樂介〕〔軍送淨酒介〕

〔合〕

【前腔】〔換頭〕當筵，眾樂奏鈞天。舊日霓裳，重按歌遍。半入雲中，半吹落風前。稀見，除卻了清虛洞府，只有那沉香亭院。

今日個仙音法曲，不數大唐年。

〔淨〕奏得好。〔四偽官〕臣想天寶皇帝，不知費了多少心力，教成此曲。今日卻留與主上受用，真乃齊天之福也。〔淨笑介〕

眾卿言之有理，再上酒來。〔軍送酒介〕〔外在內泣唱介〕

【前腔】〔換頭〕幽州鼙鼓喧，萬戶蓬蒿，四野烽煙。葉墮空宮，忽驚聞歌絃奇變，真個是天翻地覆，真個是人愁鬼怨。〔大哭介〕

我那天寶皇帝呵，金鑾上百官拜舞，何日再朝天？

〔淨〕呀，什麼人啼哭？好奇怪！〔軍〕是樂工雷海青。〔淨〕拏上來。〔軍拉外上見介〕〔淨〕雷海青，孤家在此飲太平筵宴，你敢擅自啼哭，好生可惡！〔外罵介〕唉，安祿山，你本是失機邊將，罪應斬首。倖蒙聖恩不殺，拜將封王。你不思報效朝廷，反敢稱兵作亂，穢汙神京，逼遷聖駕。這罪惡貫盈，指日天兵到來誅戮，還說什麼太平筵宴！〔淨大怒介〕唉，有這等事。孤家入登大位，臣下無不順從。量你這一個樂工，怎敢如此無禮！軍士看刀伺候。〔二軍作應，拔刀介〕〔外一面指淨罵介〕

【撲燈蛾】怪伊忒負恩，獸心假人面，怒髮上衝冠。我雖是伶工微賤也，不似他朝臣靦覥。安祿山，你竊神器，上逆皇天，少不得頃刻間屍橫血濺。〔將琵琶擲淨介〕我擲琵琶，將賊臣碎首報開元。

〔軍奪琵琶介〕〔淨〕快把這廝拿去砍了。〔軍應拿外砍下〕〔淨〕好惱，好惱！〔四偽官〕主上息怒。無知樂工，何足介意。

〔淨〕孤家心上不快，眾卿且退。〔四偽官〕領旨。臣等恭送主上回宮。〔跪送介〕〔淨〕酒逢知己千鍾少，話不投機半句多。〔怒下〕〔四偽官起介〕殺得好，殺得好。一個樂工，思量做起忠臣來。難道我每喫太平宴的，倒差了不成！

【尾聲】大家都是花花面，一個忠臣值甚錢。〔笑介〕雷海青，雷海青，畢竟你未戴烏紗識見淺！

三秦流血已成川，羅隱　為虜為王事偶然。李山甫
世上何人憐苦節，陸希聲　直須行樂不言旋。薛稷

第二十九齣　聞鈴

〔丑內叫介〕軍士每趲行，前面伺候。〔內鳴鑼，應介〕〔丑〕萬歲爺，請上馬。〔生騎馬，丑隨行上〕

【雙雕近詞】【武陵花】萬里巡行，多少悲涼途露清。看雲山重疊處，似我亂愁交并。無邊落木響秋聲，長空孤雁添悲哽。寡人自離馬嵬，飽嘗辛苦。前日遣使臣齎奉璽冊，傳位太子去了。行了一月，將近蜀中。且喜賊兵漸遠，可以緩程而進。只是對此鳥啼花落，水綠山青，無非助朕悲懷。如何是好！〔丑〕萬歲爺，途露風霜，十分勞頓。請自排遣，勿至過傷。〔生〕唉，高力士，朕與妃子，坐則並几，行則隨肩。今日倉卒西巡，斷送他這般結果，教寡人如何撇得下也！〔淚介〕提起傷心事，淚如傾。回望馬嵬坡下，不覺恨填膺。〔丑〕前面就是棧道了，請萬歲爺挽定絲轡，緩緩前進。〔生〕裊裊旗旌，背殘日，風搖影。匹馬崎嶇怎暫停，怎暫停！只見陰雲黯淡天昏暝，哀猿斷腸，子規叫血，好教人怕聽。兀的不慘殺人也麼哥，兀的不苦殺人也麼哥！蕭條恁生，峨眉山下少人經，冷雨斜風撲面迎。

〔丑〕雨來了，請萬歲爺暫登劍閣避雨。〔生作下馬、登閣坐介〕〔丑作向內介〕軍士每，且暫駐扎，雨住再行。〔內應介〕〔生〕

「獨自登臨意轉傷，蜀山蜀水恨茫茫。不知何處風吹雨，點點聲聲迸斷腸。」〔內作鈴響介〕〔生〕你聽那壁廂，不住的聲響，聒的人好不耐煩。高力士，看是甚麼東西。〔丑〕是樹林中雨聲，和着簷前鈴鐸，隨風而響。〔生〕呀，這鈴聲好不做美也！

【前腔】淅淅零零，一片淒然心暗驚。遙聽隔山隔樹，戰合風雨，高響低鳴。一點一滴又一聲，一點一滴又一聲，和愁人血淚交相迸。對這傷情處，轉自憶荒塋。白楊蕭瑟雨縱橫，此際孤魂淒冷。鬼火光寒，草間濕亂螢。只悔倉皇負了卿，負了卿！我獨在人間，委實的不願生。語娉婷，相將早晚伴幽冥。一慟空山寂，鈴聲相應，閣道崚嶒，似我迴腸恨怎平！

〔丑〕萬歲爺且免愁煩。雨止了，請下閣去罷。〔生作下閣、上馬介，丑向內介〕軍士每，前面起駕。〔眾內應介〕〔丑隨生行介〕

〔生〕

【尾聲】迢迢前路愁難罄，招魂去國兩關情。〔合〕望不盡雨後尖山萬點青。

〔生〕劍閣連山千里色，駱賓王　離人到此倍堪傷。羅鄴　空勞翠輦衝泥雨，秦韜玉　一曲淋鈴淚數行。杜牧

第三十齣　情悔

【仙呂入雙調】【普賢歌】〔副淨上〕馬嵬坡下太荒涼，土地公公也氣不揚。祠廟倒了墻，沒人燒炷香，福禮三牲誰祭享！

小神馬嵬坡土地是也，向來香火頗盛。只因安祿山造反，本境人民盡皆逃散。弄得廟宇荒涼，香煙斷絕。目今野鬼甚多，恐怕出來生事，且往四下裡巡看一回。正是「只因神倒運，常恐鬼胡行」。〔虛下〕〔魂旦上〕

【雙調引子】【搗練子】冤疊疊，恨層層，長眠泉下幾時醒？魂斷蒼煙寒月裡，隨風窣窣度空庭。

「一曲霓裳逐曉風，天香國色總成空。可憐只有心難死，脈脈常留恨不窮。」奴家楊玉環鬼魂是也。自從馬嵬被難，荷蒙嶽帝傳敕，得以棲魂驛舍，免墮冥司。〔悲介〕我想生前與皇上在西宮行樂，何等榮寵！今一旦紅顏斷送，白骨冤沉，冷驛荒垣，孤魂淹滯。你看月淡星寒，又早黃昏時分，好不悽慘也！

【過曲】【三仙橋】古驛無人夜靜，趁微雲，移月暝，潛潛趓趓，暫時偷現影。魆地間心耿耿，猛想起我舊丰標，教我一想一淚零。想、想當日那態娉婷，想、想當日那妝豔靚，端得是賽丹青描成、畫成。那曉得不留停，早則饑寒肉冷。〔悲介〕苦變做了鬼胡由，誰認得是楊玉環的行徑！

〔淚介〕〔袖出釵盒介〕這金釵、鈿盒，乃皇上定情之物，已從墓中取得。不免向月下把玩一回。〔副淨潛上，指介〕這是楊貴妃鬼魂，且聽他說些什麼。〔背立聽介〕〔旦看釵盒介〕

【前腔】看了這金釵兒雙頭比並，更鈿盒同心相映。只指望兩情堅如金似鈿，又怎知翻做斷綆。若早知為斷綆，枉自去將他留下了這傷心把柄。記得盒底夜香清，釵邊曉鏡明，有多少歡承愛領。〔悲介〕但提起那恩情，怎教我重泉目瞑！〔哭介〕苦只為釵和盒，那夕的綢繆，翻成做楊玉環這些時的悲哽。

〔副淨背聽，作點頭介〕〔旦〕咳，我楊玉環，生遭慘毒，死抱沉冤。或者能悔前愆，得有超拔之日，也未可知。且住，〔悲介〕

只想我在生所為，那一樁不是罪案。況且弟兄姊妹，挾勢弄權，罪惡滔天，總皆由我，如何懺悔得盡！不免趁此星月之下，對天哀禱一番。〔對天拜介〕

【前腔】對星月發心至誠，拜天地低頭細省。皇天，皇天！念楊玉環呵，重重罪孽，折罰來遭禍橫。今夜呵，懺愆尤，陳罪眚，望天天高鑒，宥我垂證明。只有一點那痴情，愛河沉未醒。說到此悔不來，惟天表證。縱冷骨不重生，拚向九泉待等。那土地說，我原是蓬萊仙子，譴謫人間。天呵，只是奴家恁般業重，敢仍望做蓬萊座的仙班，只願還楊玉環舊日的匹聘。

〔副淨〕貴妃，吾神在此。〔旦〕原來是土地尊神。〔副淨〕

【越調過曲】【憶多嬌】我趁月明，獨夜行。見你拜禱深深，仔細聽，這一悔能教萬孽清。管感動天庭，感動天庭，有日重圓舊盟。

〔旦〕多蒙尊神鑒憫。只怕奴家呵，

【前腔】業障縈，夙慧輕。今夕徒然愧悔生，泉路茫茫隔上清。〔悲介〕說起傷情，說起傷情，只落得千秋恨成。

〔副淨〕貴妃不必悲傷，我今給發路引一紙。千里之內，任你魂遊便了。〔作付路引介〕聽我道來，

【鬥黑麻】你本是蓬萊籍中有名，為墮落皇宮，痴魔頓增。歡娛過，痛苦經，雖謝塵緣，難返仙庭。喜今宵夢醒，教你逍遙擇路行。莫戀迷途，莫戀迷途，早歸舊程。

【前腔】〔旦接路引謝介〕深謝尊神，與奴指明。怨鬼愁魂，敢望仙靈！〔背介〕今後呵，隨風去，信路行。蕩蕩悠悠，日隱宵征。依月傍星，重尋釵盒盟。還怕相逢，還怕相逢，兩心痛增。

〔副淨〕吾神去也。

〔旦〕曉風殘月正潸然，韓琮〔副淨〕對影聞聲已可憐。李商隱〔旦〕昔日繁華今日恨，司空圖〔副淨〕只應尋訪是因緣。方干

第三十一齣 剿寇

【中呂引子】【菊花新】〔外戎裝，領四軍上〕謬承新命陟崇階，掛印催登上將臺。慚愧出群才，敢自許安危全賴。

「建牙吹角不聞喧，三十登壇眾所尊。家散萬金酬士死，身留一劍答君恩。」下官郭子儀，叨蒙聖恩，特拜朔方節度使，領兵討賊。現今上皇巡幸西川，今上即位靈武。當此國家多事之秋，正我臣子建功之日。誓當掃清群寇，收復兩京，再造唐家社稷，重睹漢官威儀，方不負平生志願也。眾將官，今乃黃道吉日，就此起兵前去。〔眾應，吶喊、發號啟行介〕〔合〕

【中呂過曲】【駐環着】擁鸞旂羽蓋，蹴起塵埃。馬掛征鞍，將披重鎧，畫戟雕弓耀彩。軍令分明，爭看取奮鷹揚堂堂元帥。端的是孫吳無賽，管淨掃妖氛毒害。機謀運，陣勢排，一戰收京，萬方寧泰。〔齊下〕

【前腔】〔丑末扮番將、引軍卒行上〕倚兵強將勇，倚兵強將勇，一鼓前來。陣似推山，勢如倒海。不斷征雲靉靉，鬼哭神號，到處裡染腥風，殺人如芥。自家大燕皇帝麾下大將史思明、何千年是也。唐家立了新皇帝，遣郭子儀殺奔前來。奉令着我二人迎敵。〔末〕聞得郭子儀兵勢頗盛，我等二人分作兩隊。待一人與他交戰，一人橫衝出來，必獲大勝。〔丑〕言之有理。大小三軍，就此分隊殺上前去。〔四雜應，做分行介〕向兩下分兵迎待，先一合拖刀佯敗。磨旗慘，戰鼓哀。奮勇先登，振威奪帥。

〔末領眾先下〕〔外領軍上，與丑對戰一合介〕〔丑〕來將何名？〔外〕吾乃大唐朔方節度使郭。天兵到此，還不下馬受縛，更待何時？〔丑〕不必多講，放馬過來。〔戰介，丑敗介，走下〕〔末領卒上，截外戰介〕〔外〕來的賊將，快早投降。〔末〕郭子儀，你可贏得我麼？〔外〕休得饒舌。〔戰介，丑復上混戰介〕〔丑、末大敗逃下〕〔外〕且喜賊將大敗而逃，此去長安不遠，連夜殺奔前去便了。〔眾〕得令。〔行介〕〔合〕

【添字紅繡鞋】三軍笑口齊開，齊開；旌旗滿路爭排，爭排。擁大將，氣雄哉，合圖畫上雲臺。把軍書忙裁，忙裁；捷奏報金階，捷奏報金階。

【尾聲】兩都早慰雲霓待，九廟重瞻日月開，復立皇唐億萬載。

悲風殺氣滿山河，白居易 師克由來在協和。胡曾 行望鳳京旋凱捷，賀朝 千山明月靜干戈。杜荀鶴

第三十二齣 哭像

〔生上〕「蜀江水碧蜀山青，贏得朝朝暮暮情。但恨佳人難再得，豈知傾國與傾城。」寡人自幸成都，傳位太子，改稱上皇。喜的郭子儀兵威大振，指日蕩平。只念妃子為國捐軀，無可表白，特敕成都府建廟一座。又選高手匠人，將旃檀香雕成妃子生像。命高力士迎進宮來，待寡人親自送入廟中供養。敢待到也。〔嘆科〕咳，想起我妃子呵，

【正宮端正好】是寡人昧了他誓盟深，負了他恩情廣，生拆開比翼鸞凰。說甚麼生生世世無拋漾，早不道半路裡遭魔障。

【滾繡毬】恨寇逼的慌，促駕起的忙。點三千羽林兵將，出延秋，便沸沸揚揚。甫傷心第一程，到馬嵬驛舍傍。猛地裡爆雷般齊吶起一聲的喊響，早子見鐵桶似密圍住四下裡刀鎗。惡噷噷單施逞着他領軍元帥威能大，眼睜睜只逼拶的俺失勢官家氣不長，落可便手腳慌張。

恨只恨陳元禮呵，

【叨叨令】不催他車兒馬兒，一謎家延延挨挨的望；硬執着言兒語兒，一會裡喧喧騰騰的謗；更排些戈兒戟兒，一哄中重重疊疊的上；生逼個身兒命兒，一霎時驚驚惶惶的喪。〔哭科〕兀的不痛殺人也麼哥，兀的不痛殺人也麼哥！閃的我形兒影兒，這一個孤孤悽悽的樣。

寡人如今好不悔恨也！

【脫布衫】羞殺咱掩面悲傷，救不得月貌花龐。是寡人全無主張，不合呵將他輕放。

【小梁州】我當時若肯將身去抵搪，未必他直犯君王；縱然犯了又何妨，泉臺上，倒博得永成雙。

【么篇】如今獨自雖無恙，問餘生有甚風光！只落得淚萬行，愁千狀！〔哭科〕我那妃子呵，人間天上，此恨怎能償！

〔丑同二宮女、二內監捧香爐、花幡，引雜抬楊妃像，鼓樂行上〕〔丑見生科〕啟萬歲爺，楊娘娘寶像迎到了。〔生〕快迎進來波。〔丑〕領旨。〔出科〕奉旨：宣楊娘娘像進。〔宮女〕領旨。〔做抬像進、對生，宮女跪，扶像略俯科〕楊娘娘見駕。〔丑〕平身。〔宮女起科〕〔生起立對像哭科〕我那妃子呵，

【上小樓】別離一向，忽看嬌樣。待與你敘我冤情，說我驚魂，話我愁腸……〔近前叫科〕妃子，妃子，怎不見你回笑龐，答應響，移身前傍。〔細看像，大哭科〕呀，原來是刻香檀做成的神像！

〔丑〕鑾輿已備，請萬歲爺上馬，送娘娘入廟。〔雜扮校尉，瓜、旗、傘、扇，鑾駕隊子上〕〔生〕高力士傳旨，馬兒在左，車兒在右，朕與娘娘並行者。〔丑〕領旨。〔生上馬，校尉抬像，排隊引行科〕〔生〕

【么篇】谷碌碌鳳車呵緊貼着行，裊亭亭龍鞭呵相對着揚。依舊的輦兒廝並，肩兒齊亞，影兒成雙。情暗傷，心自想。想當時聯鑣遊賞，怎到頭來剛做了恁般隨倡！

第三十二齣

〔到科〕〔丑〕到廟中了，請萬歲爺下馬。〔生下馬科〕內侍每，送娘娘進廟去者。〔鑾駕隊子下〕〔內侍抬像，同宮女、丑隨生進，生做入廟看科〕

【滿庭芳】我向這廟裡抬頭覷望，問何如西宮南苑，金屋輝光？那裡有鴛幃、繡幙、芙蓉帳，空則見顫巍巍神幔高張，泥塑的宮娥兩兩，帛裝的阿監雙雙。剪簇簇幡旌颭，招不得香魂再轉，卻與我搖曳弔心腸。

〔坐前坐科〕〔丑〕吉時已居，候旨請娘娘升座。〔生〕宮人每，伏侍娘娘升座者。〔宮女應科〕領旨。〔內細樂，宮女扶像對生，如前略俯科〕楊娘娘謝恩。〔丑〕平身。〔生起立，內鼓樂，眾扶像上座科〕〔生〕

【快活三】俺只見宮娥每簇擁將，把團扇護新妝。猶錯認定情初，夜入蘭房。〔悲科〕可怎生冷清清獨坐在這彩畫生綃帳！

〔丑〕啟萬歲爺，楊娘娘升座畢。〔生〕看香過來。〔丑跪奉香，生拈香科〕

【朝天子】爇騰騰寶香，映熒熒燭光，猛逗着往事來心上。記當日長生殿裡御爐傍，對牛女把深盟講。又誰知信誓荒唐，存歿參商！空憶前盟不暫忘。今日呵，我在這廂，你在那廂，把着這斷頭香在手添悽愴。

高力士看酒過來，朕與娘娘親奠一杯者。〔丑奉酒科〕初賜爵。〔生捧酒哭科〕

【四邊靜】把杯來擎掌，怎能夠檀口還從我手內嘗。按不住悽惶，叫一聲妃子也親陳上。淚珠兒溶溶滿觴，怕添不下半滴葡萄釀。

〔丑接杯獻座科〕〔生〕我那妃子呵，

【耍孩兒】一杯望汝遙來享，痛煞煞古驛身亡。亂軍中抔土便埋藏，並不曾瀽半碗涼漿。今日呵，恨不誅他肆逆三軍眾，祭汝含酸一國殤。對着這雲幃像，空落得儀容如在，越痛你魂魄飛揚。

〔丑又奉酒科〕亞賜爵。〔生捧酒哭科〕

【五煞】碧盈盈酒再陳，黑漫漫恨未央，天昏地暗人痴望。今朝廟宇留西蜀，何日山陵改北邙！〔丑又接杯獻座科〕〔生哭科〕寡人呵，與你同穴葬，做一株冢邊連理，化一對墓頂鴛鴦。

〔丑又奉酒科〕終賜爵。〔生捧酒科〕

【四煞】奠靈筵禮已終，訴衷情話正長。你嬌波不動，可見我愁模樣？只為我金釵鈿盒情辜負，致使你白練黃泉恨渺茫。〔丑接杯獻科〕

〔生哭科〕向此際搥胸想，好一似刀裁了肺腑，火烙了肝腸。

〔丑、宮女、內侍俱哭科〕〔生看像驚科〕呀，高力士，你看娘娘的臉上，兀的不流出淚來了。〔丑同宮女看科〕呀，神像之上，果然滿面淚痕，奇怪，奇怪！〔生哭科〕哎呀，我那妃子呵，

【三煞】只見他垂垂的濕滿頤，汪汪的含在眶，紛紛的點滴神臺上。分明是牽衣請死愁容貌，回顧吞聲慘面龐。這傷心真無兩，休說是泥人墮淚，便教那鐵漢也腸荒！

〔丑〕萬歲爺請免悲傷，待奴婢每叩見娘娘。〔同宮女、內侍哭拜科〕〔生〕

【二煞】只見老常侍雙膝跪，舊宮娥伏地傷。叫不出娘娘千歲，一個個含悲向。〔哭科〕妃子呵，只為你當日在昭陽殿裡施恩遍，今日個錦水祠中遺愛長。悲風蕩，腸斷殺數聲杜宇，半壁斜陽。

〔丑〕請萬歲爺與娘娘焚帛。〔生〕再看酒來。〔丑奉酒焚帛，生酹酒科〕

【一煞】疊金銀山百座，化幽冥帛萬張。紙銅錢怎買得天仙降？空着我衣沾殘淚，鵑留怨。不能勾魂逐飛灰蝶化奴，驀地裡增悲愴。甚時見鸞驂碧漢，鶴返遼陽。

〔丑〕天色已晚，請萬歲爺回宮。〔生〕宮娥，可將娘娘神帳放下者。〔宮娥〕領旨。〔做下神幔，內暗抬像下科〕〔生〕起駕。

〔丑應科〕〔生作上馬，鑾駕隊子復上，引行科〕〔生〕

【煞尾】出新祠淚未收，轉行宮痛怎忘？對殘霞落日空凝望！寡人今夜呵，把哭不盡的衷情，和你夢兒裡再細講。

數點香煙出廟門，曹鄴
巫山雲雨洛川神。權德輿
翠蛾彷彿平生貌，白居易
日暮偏傷去住人。封彥冲

第三十三齣 神訴

【仙呂入雙調】【柳搖金】〔貼引二仙女、二仙官隊子行上〕工成玉杼，機絲巧殊，呈錦過天除。搖珮還星渚，雲中引鳳輿。卻望着銀河一縷，碧落映空虛。俯視塵寰，山川米聚。吾乃天孫織女是也。織成天錦，進呈上帝。行路中間，只見一道怨氣，直衝霄漢。不知下界是何地方。〔叫介〕仙官，〔官應介〕〔貼〕你看這非煙非霧，怨氣模糊，試問下方何處？

〔官應，作看介〕啟娘娘，下界是馬嵬坡地方。〔貼〕分付暫駐雲車，即宣馬嵬坡土地來者。〔官應，眾擁貼高處坐介〕

〔官向內喚介〕馬嵬坡土地何在？〔副淨應上〕來也。

【越調鬥鵪鶉】則俺在廟裡安身，忽聽得空中喚取。則他那天上宣差，有俺甚地頭事務。〔官喚科〕土地快來。〔副〕他不住的唱叫揚疾，唬的我慌忙急遽。只索把急張拘諸的袍袖來拂，乞留屈碌的腰帶來束。整頓了這破丟不答的平頂頭巾，扶定了那滴羞撲速的齊眉拐拄。

〔見官科〕仙官呼喚，有何使令？〔官〕織女娘娘呼喚你哩。〔副淨〕

【紫花兒序】聽說道喚俺的是天孫織女，我又不曾在河邊去掌渡司橋，可因甚到坡前來覓路尋途？〔背科〕哦，是了波，敢只為雲中駕過，道俺這裡接待全疏，〔哭科〕待將咱這卑職來勾除。〔回向官科〕仙官可憐見波，小神官卑地苦，接待不周，特帶得一陌黃錢在此，送上仙官，望在娘娘前方便咱。則看俺廟宇荒涼鬼判無，常只是塵蒙了神案，土塞在臺基，草長在香爐。

〔官笑科〕誰要你的黃錢。娘娘有話問你哩，快去，快去。〔引副淨見介〕〔副淨〕馬嵬坡土地叩見。願娘娘聖壽無疆。〔仙女〕平身。〔副淨起科〕〔貼〕土地，我在此經過，見你界上有怨氣一道，直衝霄漢。是何緣故？〔副淨〕娘娘聽啟，

【天淨沙】這的是豔晶晶霓裳曲裡嬌姝，裊亭亭翠盤掌上輕軀。〔貼〕是那一個？〔副淨〕是唐天子的貴妃楊玉環，磣磕磕黃土坡前怨屈，因此上痛咽咽幽魂不去，靄騰騰黑風在空際吹噓。

〔貼〕原來就是楊玉環。記得天寶十載渡河之夕，見他與唐天子在長生殿上，誓願世為夫婦。如今已成怨鬼，甚是可憐。土地，你將死時光景說與我聽者。〔副淨〕

【調笑令】子為着往蜀、侍鑾輿，鼎沸般軍聲四下裡呼。痛紅顏不敢將恩負，哭哀哀拜辭了君主。一霎時如花命懸三尺組，生擦擦為國捐軀。

〔貼〕怎生為國捐軀，你再細細說來。〔副淨〕

【小桃紅】當日個鬧鑊鐸，激變羽林徒，把驛庭四面來圍住。若不是慷慨佳人將難輕赴，怎能夠保無虞，扈君王直向西川路，使普天下人心悅服。今日裡中興重睹，兀的不是再造了這皇圖。

〔貼〕雖如此說，只是以天下為主，不能庇一婦人，長生殿中之誓安在？李三郎暢好薄情也。〔副淨〕娘娘，那楊妃呵，

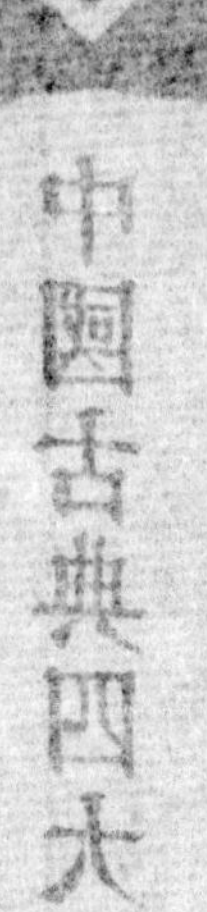

第三十四齣

【禿廝兒】並不怨九重上情違義忤，單則捱九泉中恨債冤逋。痛只痛情緣兩斷不再續，常則是悲此日，憶當初，欷歔。

〔貼〕他可說些甚來？〔副淨〕

【聖藥王】他道是恩已虛，愛已虛，則那長生殿裡的誓非虛。就是情可辜，意可辜，則那金釵、鈿盒的信難辜。拚抱恨守冥途。

〔貼〕他原是蓬萊仙子，只因夙孽，迷失本真。今到此地位，還記得長生殿中之誓。有此真情，殊堪鑒憫。〔副淨〕再啟娘娘，楊妃近來，更自痛悔前愆。〔貼〕怎見得？〔副淨〕

【麻郎兒】他夜夜向星前捫心泣訴，對月明叩首悲吁。切自悔愆尤積聚，要祈求罪業消除。

【么篇】因此上怨呼，恨吐，意苦。雖不能貫白虹上達天都，早則是結紫宇衝開地府。不提防透青霄橫當仙路。

〔貼〕原來如此。既悔前非，諸愆可釋。吾當保奏天庭，令他復歸仙位便了。〔副淨〕娘娘呵，

【絡絲娘】雖則保奏他仙班再居，他卻還有痴情幾許。只恐到仙宮，但孤處，願永證前盟夫婦。

〔貼〕是兒好情痴也。你且回本境，吾自有道理。〔副淨〕領法旨。

【尾聲】代將情事分明訴，幸娘娘與他做主。早則看馬嵬坡少一個苦游魂，穩情取蓬萊山添一員舊仙侶。

〔下〕〔貼〕分付起駕，回璇璣宮去。〔眾應引行介〕

【仙呂入雙調過曲】【金字段】【金字令】紅顏薄命，聽說真冤苦。黃泉長恨，聽說多酸楚。更抱貞心，初盟不負。【三段字】悔深頓令真元露，情堅煉出金丹固，只合登仙，把人天恨補。

往來朝謁蕊珠宮，趙嘏　烏鵲橋成上界通。劉威
縱目下看浮世事，方干　君恩已斷盡成空。盧弼

第三十四齣　刺逆

〔丑扮李猪兒太監帽、氈笠、箭衣上〕「小小身材短短衣，高檐能走壁能飛。懷中匕首無人見，一皺眉頭起殺機。」自家李猪兒便是，從小在安祿山帳下。見俺人材俊俏，性格聰明，就與兒子一般看待。一日祿山醉後，忽然現出猪首龍身，自道是個猪龍，必有天子之分。因此把俺名字，就順口喚做猪兒。不想他如今果然做了皇帝，卻寵愛着段夫人，要立他兒子慶恩為太子。眼見這頂平天冠，不要說俺李猪兒沒福戴他，就是他長子大將軍慶緒，也輪不到頭上了。因此大將軍心懷忿恨，與俺商量，要俺今夜入宮行刺。唉，安祿山，安祿山，你受了唐天子那樣大恩，尚且興兵反叛，休怪俺李猪兒今日反面無情也。

〔內打二更介〕你聽，譙樓已打二鼓，不免乘此夜靜，沿着宮牆前去走一遭也呵。〔行介〕

【雙調二犯江兒水】陰森夾道，行不盡陰森夾道，更深人靜悄。〔內作鳥聲介〕怕驚飛宿鳥，〔內作犬吠介〕犬吠哰哰，禍機兒包貯好。

〔內打更介〕那邊巡軍來了，俺且閃在大樹邊，躲避一回。〔躲介〕〔小生、末、中淨、老旦扮四軍，巡更上〕「百萬軍中人四個，九重門外月三更。」〔末〕大哥每，你看那御河橋樹枝，為何這般亂動？〔老〕莫不有甚奸細在此。〔中淨〕這所在那得有奸細，想是柳樹成精了。〔小生〕呸，你每不聽得風起麼？〔眾〕不要管，一路巡去就是了。〔繞場走下〕〔丑出行介〕好唬人也。只見刁斗暗中敲，巡軍過御橋。星影雲飄，月影花搖，險些兒漏風聲難自保。一路行來，此處已近後殿，不免跳過墻去。苑墻恁高，那怕他苑墻恁高，翻身一跳，〔作跳過介〕已被俺翻身一跳。〔內作樂介〕你聽，恁般時候，還有笙歌之聲。喜得宮中都是熟路，且自慢慢而去。等待他醉模糊把錦席拋。

〔虛下〕〔淨作醉態，老旦、中淨、二宮女扶侍，二雜扮內侍、提燈上〕〔淨〕孤家醉了，到便殿中安息去罷。〔雜引淨到介〕〔淨坐介〕〔二雜先下〕〔淨〕宮娥，段夫人可曾回宮？〔老旦、中淨〕回宮去了。〔淨〕看茶來吃。〔老旦、中淨應下〕

〔淨作醒嘆介〕唉，孤家原不曾醉。只為打破長安之後，便想席捲中原。不料各路諸將，連被郭子儀殺得大敗，心中好生着急。又因愛戀段夫人，酒色過度，不但弄得孤家身子疲軟，連雙目都不見了。因此今夜假裝酒醉，令他回宮，孤家自在便殿安寢，暫且將息一宵。〔老旦、中淨捧茶上〕皇爺，茶在此。〔淨作飲介〕〔內打三更介〕〔中淨〕夜已三更，請皇爺安寢罷。〔淨〕宮娥每，把殿門緊閉了。〔老旦、中淨應作閉門介〕〔淨睡介〕〔老旦、中淨坐地盹介，淨作驚介〕為何今晚睡臥不寧，只管肉飛眼跳。〔叫介〕宮娥，宮娥！〔中淨驚醒介〕想是皇爺獨眠不慣，在那裡喚人哩。姐姐你去。〔老旦〕姐姐，還是你去。〔推，諢介〕〔淨又叫介〕宮娥，是什麼人驚醒孤家？〔老旦、副淨〕沒有人。〔淨〕傳令外面軍士，小心巡邏。〔老旦、副淨〕領旨。〔作開門出，向內傳介〕〔內應介〕〔老旦、副淨進，忘閉門，復坐地盹介〕〔淨做睡不着介〕又記起一事來，段夫人要孤家立他的兒子慶恩為太子，這事明日也要定了。〔做睡着介〕〔丑潛上〕俺李猪兒在黑影裡，等了多時。纔聽得笙歌散後，段夫人回宮，說祿山醉了在便殿安息。是好機會也呵。〔行介〕

【前腔】潛身行到，悄不覺潛身行到。〔內喊小心巡邏介〕巡更的空鬧吵，怎知俺宮闈暗繞，苑路斜抄，湊昏君沉醉倒。這裡已是便殿了。且喜門兒半開在此，不免挨身而入。〔進介〕莫把獸環搖，〔作聽介〕聽鼾聲殿角高。你看守宿的宮女，都是睡着。〔作剔燈介〕咱剔醒蘭膏，〔揭帳介〕揭起鮫綃，〔出刀介〕管教他潑殘生登時了。〔淨作夢語，丑驚，伏地，徐起細聽介〕夢中絮叨，原來是夢中絮叨。〔內打四更介〕殘更頻報，趁着這殘更頻報，赤緊的向心窩一刀。

〔刺淨急下〕〔淨作大叫一聲跌地，連跳作死介〕〔老旦、中淨驚醒介〕那裡這般響動？〔看介〕阿呀，不好了！〔向外叫介〕外廂值宿軍士快來。〔四雜軍上〕為何大驚小怪？〔老旦、中淨〕皇爺忽然夢中大叫，急起看時，只見鮮血滿身，倒在地下。〔四雜〕有這等事！〔作進看介〕呀，原來被人刺中心窩而死。好奇怪，我每緊守外廂，還有許多巡軍攔路，這賊從那裡進來？畢竟是你每做出來的。〔老旦、副淨〕好胡說，你每在外廂護衛，放了賊進來。明日大將軍查問，少不得一個個都是死。〔軍〕難道你每就推得乾淨？〔諢介〕〔雜扮將官上〕凶音來紫殿，令旨出青宮。大將軍有令：主上被唐朝郭子儀遣人刺死，即着軍士抬往段夫人宮中收殮，候大將軍即位發喪。〔四雜〕得令。〔抬淨屍，隨雜下〕〔老旦、副淨向內介〕

魚文匕首犯車茵，劉禹錫　當值巡更近五雲。王建　胸陷鋒芒腦塗地，陸龜蒙　已無蹤跡在人群。趙嘏

第三十五齣　收京

【仙呂過曲】【甘州歌】〔八聲甘州〕〔外金盔、袍服，生、小生、淨、末扮四將，各騎馬，二卒執旗行上〕宣威進討，喜日明帝里，風靜皇郊。欃槍滌盡，看把乾坤重造。揚鞭漫將金鐙敲，整頓中興事正饒。〔外〕下官郭子儀，奉命統兵討賊。且喜祿山授首，慶緒奔逃，大小三軍就此振旅進城去。〔眾應，行介〕【排歌】收馳轡，近弔橋，只見長安父老拜前旄。歡聲動，笑語高，賣將珠串奉香醪。

〔到介〕〔眾〕啟元帥，已進京城。請在龍虎衛衙門，權時駐扎。〔外、眾下馬，作進，外正坐，四將傍坐介〕〔外〕憶昔長安全盛時，〔生、小生〕今朝重到不勝悲。〔淨、末〕漫揮滿目河山淚，〔外〕始悟新豐壁上詩。〔四將〕請問元帥，什麼新豐壁上詩？〔外〕諸將不知，本鎮當年初到西京，偶見酒樓壁上，有術士李遐周題詩一首。〔四將〕題的是何詩句？〔外〕那詩上說：「燕市人皆去，函關馬不歸。若逢山下鬼，環上繫羅衣。」〔四將〕這卻怎麼解？〔外〕當時也詳解不出。如今看來，卻句句驗了。〔將〕請道其詳。〔外〕祿山統燕、薊軍馬，入犯兩京，可不是「燕市人皆去」麼？後來哥舒兵敗潼關，正是「函關馬不歸」了。〔四將〕是，果然不差。後面兩句，卻又何解？〔外〕「山下鬼」者，嵬字也。「環」乃貴妃之名，恰應馬嵬賜死之事。〔四將〕原來如此，可見事皆前定。今仗元帥洪威，重收宮闕，真乃不世之勛也。〔外嘆介〕唉，西京雖復，只是天子暫居靈武，上皇遠狩成都；千官尚竄草萊，百姓未歸田里。必先肅清宮禁，灑掃園陵。務使鐘虡不移，廟貌如故。上皇西返，大駕東回。纔完得我郭子儀身上的事也。〔四將打恭介〕全仗元帥。「隻手重扶唐社稷，一肩獨荷李乾坤。」〔外〕說便這般說，這中興事，大費安排。諸公何以教我？〔四將〕不敢。〔外〕

【商調過曲】【高陽臺】九廟灰飛，諸陵塵暗，腥膻滿目狼籍。久闕宮懸，傷心血淚時滴。〔合〕今日、妖氛幸喜消盡也，索早自掃除修葺。〔外〕左營將官過來。〔生〕有。〔外〕你將這令箭一枝，前去星夜僱募人夫掃除陵寢，修葺宗廟，候聖駕回來致祭。〔合〕待春園，櫻桃熟綻，薦陳時食。

〔外付令箭，生收介〕領鈞旨。〔末〕元帥在上，帝京初復，十室九空。為今要務，先當招集流移，使安故業。〔外〕言之然也。

【前腔】〔換頭〕堪惜，征調千家，流離百室，哀鴻滿路悲戚，須早招徠。閭閻重見盈實。〔合〕安輯，春深四野農事早，恰趁取甲兵初釋。〔外〕右營將官過來。〔小生〕有。〔外〕你將這令箭一枝，前去出榜安民，復歸舊業。〔合〕遍郊圻，安寧婦子，勉修耕織。

〔外付令箭，小生接介〕領鈞旨。〔淨〕元帥在上，國家新造，綱紀宜張，還須招致舊臣，共圖更始。〔外〕此言正合我意。

【前腔】〔換頭〕雖則，暫總綱維，獨肩弘巨，同心早晚協力。百爾臣工，安危須仗奇策。〔合〕欣得、南陽已自佳氣滿，好共把舊章重飭。〔外〕後營將官過來。〔末〕有。〔外〕你將這令箭一枝，榜示百官，限三日內，齊赴軍前，共襄國事。〔合〕佐中興昇平泰運，景從雲集。

〔外付令箭，末接介〕領鈞旨。〔生、小生〕元帥在上，長安久無天日，士民渴仰聖顏。庶政以漸舉行，鑾輿必先反正。〔外〕二位所言，乃中興大本也。本鎮早已修下迎駕表文在此。

【前腔】〔換頭〕目極，雲蔽行宮，塵蒙西蜀，臣心夙夜難釋。反正鑾輿，群情方自歸一。〔眾共泣介〕〔合〕悽惻，無君久切人痛憤，

願早把聖顏重識。〔外〕前營將官過來。〔淨〕有。〔外〕你將這令箭一枝，帶領龍虎軍士五千，備齊法駕，賫我表文，前往靈武，奉迎今上皇帝告廟。並候聖旨，遣官前往成都，迎請上皇回鑾。〔淨接令箭介〕領鈞旨。〔外〕左右看香案過來，就此拜發表文。〔雜應，設香案，扭扮禮生上，贊禮〕〔外同四將拜表介〕〔合〕就軍前瞻天仰聖，共尊明辟。

〔丑下〕〔淨捧表文介〕〔四將〕小將等就此前去。

削平妖孽在斯須，方干　〔外〕依舊山河捧帝居。皮日休　〔合〕聽取滿城歌舞曲，杜牧　風雲長為護儲胥。李商隱

第三十六齣　看襪

【商調過曲】【吳小四】〔老旦扮酒家嫗上〕驛坡頭，門巷幽，拾得娘娘錦襪收。開着店兒重賣酒，往來客人盡見投。聊度日，不用愁。

老身王嬷嬷，一向在這馬嵬坡下，開個冷酒鋪兒度日。自從安祿山作亂，人戶奔逃。那時老身躲入驛內佛堂，只見梨樹之下有錦襪一隻，是楊娘娘遺下的。老身收藏到今，誰想是件至寶。如今郭元帥破賊收京，太平重見，老身仍舊開張酒鋪在此。但是遠近人家，聞得有錦襪的，都來鋪中飲酒，兼求看襪。酒錢之外，另有看錢，生意十分熱鬧。〔笑介〕也算是老身交運了。今早鋪設下店兒，想必有人來也。〔虛下〕〔小生巾、服行上〕

【中呂過曲】【駐馬聽】翠輦西臨，古驛千秋遺恨深。歎紅顏斷送，一似青冢荒涼，紫玉銷沉。小生李謩，向因兵戈阻路，不能出京。如今漸喜太平，聞得馬嵬坡下王嬷嬷酒店中，藏有貴妃錦襪一隻，因此前往借觀。呀，那邊一個道姑來了。〔丑扮道姑上〕「滿目滄桑都換淚，空留錦襪與人看。」〔見介〕〔小生〕姑姑何來?〔丑〕貧道乃金陵女貞觀主，來京請藏，兵阻未歸。今聞王嬷嬷店中，有楊娘娘錦襪，特來求看。〔小生〕原來也是看襪的，就請同行。〔同行介〕〔合〕玉人一去杳難尋，傷心野店留殘錦。且買酒徐斟，暫時把玩端詳審。

〔小生〕此間已是，不免徑入。〔同作進介〕〔老旦迎上〕裡面請坐。〔小生、丑作坐介〕〔外上〕老漢郭從謹，喜得兵戈寧息，要往華山進香。經過這馬嵬坡下，走的乏了。有座酒店在此，且吃三杯前去。〔進介〕店主人取酒來。〔老旦〕有酒。〔外與小生、丑見介〕請了。〔小生向老旦介〕王嬷嬷，我等到此，一則飲酒，二則聞有太真娘娘的錦襪，要借一觀。〔老旦笑介〕錦襪果有一隻。只是老身呵，

【前腔】寶護深深，什襲收藏直至今。要使他香痕不減，粉澤常留，塵涴無侵。果然堪愛又堪欽，行人欲見爭投飲。客官，只要不惜囊金，願與君把玩端詳審。

〔小生〕這個自然。我每酒錢之外，另有青蚨便了。〔老旦〕如此待老身去取來。〔虛下〕〔持襪上〕「玉趾罷穿還帶膩，羅巾深裹便聞香。」客官，錦襪在此。請看。〔小生作接，展開同丑看介〕呀，你看錦文縝緻，製度精工。光豔猶存，異香未散。真非人間之物也。〔丑〕果然好香!〔外作飲酒不顧介〕〔小生作持襪起，看介〕

【駐雲飛】你看薄襯香綿，似一朵仙雲輕又軟。昔在黃金殿，小步無人見。憐今日酒壚邊，等閒攜展。只見線跡針痕，都砌就傷心怨。可惜了絕代佳人絕代冤，空留得千古芳蹤千古傳。

〔外作惱介〕唉，官人，看他則甚!我想天寶皇帝，只為寵愛了貴妃娘娘，朝歡暮樂，弄壞朝綱。致使干戈四起，生民塗炭。老漢殘年向盡，遭此亂離。今日見了這錦襪，好不痛恨也。

【前腔】想當日一捻新裁，緊貼紅蓮着地開。六幅湘裙蓋，行動君先愛。唉，樂極惹非災，萬民遭害。今日裡事去人亡，一物空留在。我驀睹香袎重痛哀，回想顛危還淚揩。

〔老旦〕呀，這客官見了錦襪，為何着惱?敢是不肯出看錢麼!〔外〕什麼看錢?〔老旦〕原來是個村老兒，看錢也不曉得。〔小生〕些須小事，不必鬥口。〔向丑介〕姑姑也請細觀。〔向老旦介〕待小生一並送錢便了。〔遞襪介〕〔丑接起看介〕唉，我想太真娘娘，絕代紅顏，風流頓歇。今日此襪雖存，佳人難再。真可嘆也。

【前腔】你看瑣翠鉤紅，葉子花兒猶自工。不見雙趺瑩，一隻留孤鳳。空流落，恨何窮。馬嵬殘夢，傾國傾城，幻影成何用。莫對殘絲憶舊蹤，須信繁華逐曉風。

〔遞襪與老旦介〕嬷嬷，我想太真娘娘，原是神仙轉世。欲求喜捨此襪，帶到金陵女貞觀中，供養仙真。未知許否?〔老旦笑介〕老身無兒無女，下半世的過活都在這襪兒上。實難從命。〔小生〕小生願出重價買去。如何?〔外〕這樣遺臭之物，要他何用。〔老旦〕老身也不賣的。〔外作交錢介〕拿酒錢去。〔小生作交錢介〕我每看襪的錢，一總在此。〔老旦收介〕多謝了。

一醉風光莫厭頻，鮑溶　〔丑〕幾多珠翠落香塵。盧綸　〔小生〕惟留坡畔彎環月，李益　〔外〕郊外喧喧引看人。宋之問

第三十七齣　屍解

【正宮引子】【梁州令】〔魂旦上〕風前蕩漾影難留，歎前路誰投。死生離別兩悠悠，人不見，情未了，恨無休。

【如夢令】「絕代風流已盡，薄命不須重恨。情字怎消磨？一點嵌牢方寸。閒趁，閒趁，殘月曉風誰問。」我楊玉環鬼魂，自蒙土地給與路引，任我隨風來往。且喜天不收，地不管，無拘無繫，煞甚逍遙。只是再尋不到皇上跟前，重逢一面。〔悲介〕好不悲傷！今日且順着風兒，看到那一處也。〔行介〕

【正宮過曲】【雁魚錦】【雁過聲全】悄魂靈御風似夢遊，路沉沉不辨昏和晝。經野樹片時權棲宿，猛聽冷煙中鳥啾啾，唬得咱早難自停留。青磷荒草浮，倩他照着我向前冥冥走。是何處？殿角幾重雲影覆。〔看介〕呀，原來就是西宮門首了。不免進去一看。〔作欲進，二門神黑白面、金甲，執鞭、簡上〕〔立高處介〕「生前英勇安天下，死後威靈護殿門。」〔舉鞭、簡攔旦介〕何方女鬼，不得擅入。〔旦出路引介〕奴家楊玉環，有路引在此。〔門神〕原來是楊娘娘。目今祿山被刺，慶緒奔逃，郭元帥掃清宮禁。只太上皇遠在蜀中，新天子尚留靈武。因此大內，寂無一人，宮門盡扃鎖鑰。娘娘請自進去，吾神迴避。〔下〕〔旦作進介〕你看「宮花都是斷腸枝，簾幕無人窣地垂。行到畫屏迴合處，分明釵盒奉恩時。」〔淚介〕〔場上先設宮中舊床帷、器物介〕【二犯漁家傲】

【雁過聲換頭】躊躇，往日風流。【普天樂】〔作坐床介〕記盒釵初賜，種下這恩深厚。痴情共守，〔起介〕又誰知慘禍分離驟！唉，你看沉香亭、華萼樓都這般荒涼冷落也。〔作登樓介〕並沒有人登畫樓，並沒有花開並頭，【雁過聲】並沒有奏新謳——端的有、荒涼滿目生愁！淒然，不由人淚流！呀，這裡是長生殿了。我想起來，〔淚介〕〔場上先設長生殿乞巧香案介〕這壁廂是咱那日陳瓜果，夜香來乞巧，那壁廂是他恁時向牛女憑肩私拜求。〔哭介〕我那皇上呵，怎能夠霎時一見也！方纔門神說，上皇猶在蜀中。不免閃出宮門，到渭橋之上，一望西川則個。〔行介〕【二犯傾盃序】【雁過聲換頭】凝眸，一片清秋，〔登橋介〕【漁家傲】望不見寒雲遠樹峨眉秀。【傾盃序】苦憶蒙塵，影孤體倦。病馬嚴霜，萬里橋頭，知他健否！縱然無恙，料也為咱消瘦。待我飛將過去。〔作飛，被風吹轉介〕〔哭介〕哎喲，天呵！【雁過聲】我只道輕魂弱魄飛能去，又誰知千水萬山途轉修。〔作看介〕呀，你看佛堂虛掩，梨樹欹斜。怎麼被風一吹，仍在馬嵬驛內了！〔場上先設佛堂梨樹介〕【喜漁燈犯】【喜漁燈】驛垣夜冷，一燈微漏。佛堂外，陰風四起。看月暗空廐，【朱奴兒】猛傷心淚垂。【玉芙蓉】對着這一株靠簷梨樹幽，〔坐地泣介〕【漁家傲】這是我

第三十七齣

斷香零玉沉埋處。好結果一場廝耨，空落得薄命名留。【雁過聲】當日個紅顏豔冶千金笑，今日裡白骨拋殘土半坵。我想生受深恩，死亦何悔。只是一段情緣，未能終始。此心耿耿，萬劫難忘耳。

【錦纏道犯】【錦纏道】謾回首，夢中緣，花飛水流，只一點故情留。似春蠶到死，尚把絲抽。劍門關離宮自愁，馬嵬坡夜臺空守，想一樣恨悠悠。【雁過聲】幾時得金釵鈿盒完前好，七夕盟香續斷頭！

〔副淨上〕「天邊傳敕使，泉下報幽魂。」〔見介〕貴妃，有天孫娘娘賫捧玉旨到來，須索準備迎接。吾神先去也。〔旦〕多謝尊神。〔分下〕〔雜扮四仙女，執水盂、幡節，引貼捧敕上〕

【南呂引子】【生查子】玉敕降天庭，鸞鶴飛前後。只為有情真，召取還蓬岫。

〔副淨上，跪接介〕馬嵬坡土地迎接娘娘。〔貼〕土地，楊妃魂靈何在？速召前來，聽宣玉敕。〔副〕領法旨。〔下〕〔引旦去魂帕上，跪介〕〔貼宣敕介〕玉旨已到，跪聽宣讀。玉帝敕曰：咨爾玉環楊氏，原係太真玉妃，偶因微過，暫謫人間。不合迷戀塵緣，致遭劫難。今據天孫奏爾籲天悔過，夙業已消，真情可憫。准授太陰鍊形之術，復籍仙班，仍居蓬萊仙院。欽哉謝恩。〔旦叩頭介〕聖壽無疆。〔見貼介〕天孫娘娘叩首。〔貼〕太真請起。前天寶十載七夕，我正渡河之際，見你與唐天子在長生殿上，密誓情深。昨又聞馬嵬土地訴你悔過真誠，因而奏聞上帝，有此玉音。〔旦〕多謝娘娘提拔。〔貼取水盂，付副淨介〕此乃玉液金漿。你可將去，同玉妃到墳前，沃彼原身，即得鍊形度地，屍解上升了。鍊畢之時，即備音樂、幡幢，送歸蓬萊仙院。我先繳玉敕去也。〔副淨〕領法旨。〔貼〕「駕回雙鳳闕，雲擁七襄衣。」〔引仙女下〕〔副淨〕玉妃恭喜，就請回到冢上去。〔副淨捧水盂，引旦行介〕

【南呂過曲】【香柳娘】往郊西道北，往郊西道北，只見一拳培塿，〔副淨〕到了。〔旦作悲介〕這便是我前生宿豔藏香藪。〔副淨〕小神向奉西嶽帝君敕旨，將仙體保護在此。待我去扶將出來。〔作向古門扶雜，照旦妝飾，扮旦屍錦褥包裹上〕〔副淨解去錦褥，扶屍立介〕〔旦見作驚介〕看原身宛然，看原身宛然，緊緊合雙眸，無言閉檀口。〔副淨將水沃屍介〕把金漿點透，把金漿點透，神光面浮，〔屍作開眼介〕〔旦〕秋波忽溜。

〔屍作手足動，立起向旦走一二步介〕〔旦驚介〕呀，

第三十八齣

【前腔】果霎時再活，果霎時再活，向前移走，覷形模與我無妍醜。〔作遲疑介〕且住，這個楊玉環已活，我這楊玉環卻歸何處去？〔屍作忽走向旦，旦作呆狀，與屍對立介〕〔副淨拍手高叫介〕玉妃休迷，他就是你，你就是他。〔指屍向旦介〕這軀殼是伊，〔指旦向屍介〕這魂魄是伊，真性假骷髏，當前自分剖。〔屍逐旦繞場急奔一轉，旦撲屍身作跌倒，屍隱下〕〔副淨〕看元神入彀，看元神入彀，似靈胎再投，雙環合湊。

【前腔】〔旦作起，立定徐唱介〕乍沉沉夢醒，乍沉沉夢醒，故吾失久，形神忽地重圓就。猛回思惘然，猛回思惘然，現在自莊周，蝴蝶復何有。我楊玉環，不意今日冷骨重生，離魂再合。真謝天也。似亡家客游，似亡家客游，歸來故丘，室廬依舊。土地請上，待吾拜謝。〔副淨〕小神不敢。〔旦拜，副淨答拜介〕〔旦〕

【前腔】謝經年護持，謝經年護持，保全枯朽，更斷魂落魄蒙帡覆。〔副淨〕音樂、幡幢已備，候送玉妃歸院。〔旦欲行又止介〕且住，我如今屍解去了，日後皇上回鑾，畢竟要來改葬。須留下一物在此，做個記驗纔好。土地，你可將我裹身的錦褥，依舊埋在冢中，不可損壞。〔副淨〕領仙旨。〔作取褥，褥作飛下介〕〔副淨看介〕呀，奇哉，奇哉！那錦褥化作一片彩雲，竟自騰空飛去了。〔旦看介〕哦，是了。方纔鍊形之時，那錦褥也沾着金漿，故此得了仙氣。化飛空彩雲，化飛空彩雲，也似學仙遊，將何更留後？我想金釵、鈿盒，是要隨身緊守的，此外並無他物……〔想介〕哦，也罷，我胸前有錦香囊一個，乃翠盤試舞之時，皇上所賜。不免解來留下便了。〔作解香囊看介〕解香囊在手，解香囊在手，〔悲介〕他日君王見收，索強似人難重覯。〔將香囊付副淨介〕土地，你可將此香囊，放在冢內。〔副淨接介〕領仙旨。〔虛下，即上〕啟娘娘，香囊已放下了。〔雜扮四仙女，音樂、幡幢上〕〔見旦介〕蓬萊山太真院中仙姬叩見。請娘娘更衣歸院。〔內作樂，旦作更仙衣介〕〔副淨〕小神候送。〔旦〕請回。〔副下，仙女、旦行介〕

【單調風雲會】【一江風】指瀛洲，雲氣空濛覆，金碧開群岫。【駐雲飛】嗏，仙家歲月悠，與情同久。情到真時，萬劫還難朽。牢把金釵鈿盒收，直到蓬山頂上頭。〔從高處行下〕

銷耗胸前結舊香，張祜　多情多感自難忘。陸龜蒙
蓬山此去無多路，李商隱　天上人間兩渺茫。曹唐

第三十八齣　彈詞

〔末白鬚，舊衣帽抱琵琶上〕「一從鼙鼓起漁陽，宮禁俄看蔓草荒。留得白頭遺老在，譜將殘恨說興亡。」老漢李龜年，昔為內苑伶工，供奉梨園。蒙萬歲爺十分恩寵。自從朝元閣教演《霓裳》，曲成奏上，龍顏大悅。與貴妃娘娘，各賜纏頭，不下數萬。誰想祿山造反，破了長安。聖駕西巡，萬民逃竄。俺每梨園部中，也都七零八落，各自奔逃。老漢來到江南地方，盤纏都使盡了。只得抱着這面琵琶，唱個曲兒餬口。今日乃青溪鷲峰寺大會。遊人甚多，不免到彼賣唱。〔嘆科〕哎，想起當日天上清歌，今日沿門鼓板，好不頹氣人也。〔行科〕

【南呂一枝花】不提防餘年值亂離，逼拶得岐路遭窮敗。受奔波風塵顏面黑，歎衰殘霜雪鬢鬚白。今日個流落天涯，只留得琵琶在。揣羞臉上長街，又過短街。那裡是高漸離擊筑悲歌，倒做了伍子胥吹簫也那乞丐。

【梁州第七】想當日奏清歌趨承金殿，度新聲供應瑤階。說不盡九重天上恩如海：幸溫泉驪山雪霽，泛仙舟興慶蓮開，玩嬋娟華清宮殿，賞芳菲花萼樓臺。正擔承雨露深澤，驀遭逢天地奇災：劍門關塵蒙了鳳輦鸞輿，馬嵬坡血汙了天姿國色。江南路哭殺了瘦骨窮骸。可哀落魄，只得把霓裳御譜沿門賣，有誰人喝聲采！空對着六代園陵草樹埋，滿目興衰。

〔虛下〕〔小生巾服上〕「花動遊人眼，春傷故國心。霓裳人去後，無復有知音。」小生李謩，向在西京留滯，亂後方回。自從宮墻之外，偷按《霓裳》數疊，未能得其全譜。昨聞有一老者，抱着琵琶賣唱。人人都說手法不同，象個梨園舊人。今日鷲峰寺大會，想他必在那裡。不免前去尋訪一番。一路行來，你看遊人好不盛也。〔外巾服，副淨衣帽，淨長帽、帕子包首，扮山西客，攜丑扮妓上〕〔外〕閒步尋芳惜好春，〔副淨〕且看勝會逐遊人。〔淨〕大姐，喒和你「及時行樂休空過」。〔丑〕客官，「好聽琵琶一曲新」。〔小生向副淨科〕老兄請了。動問這位大姐，說什麼「琵琶一曲新」？〔副淨〕老兄不知，這裡新到一個老者，彈得一手好琵琶。今日在鷲峰寺趕會，因此大家同去一聽。〔小生〕小生正要去尋他，同行何如！〔眾〕如此極好。〔同行科〕行行去去，去去行行，已到鷲峰寺了。就此進去。〔同進科〕〔副淨〕那邊一個圈子，四圍板凳，想必是波。我每一齊捱進去，坐下聽者。〔眾作坐科〕〔末上見科〕列位請了，想都是聽曲的。請坐了，待在下唱來請教波。〔眾〕正要領教。〔末彈琵琶唱科〕

【轉調貨郎兒】唱不盡興亡夢幻，彈不盡悲傷感嘆，大古里淒涼滿眼對江山。我只待撥繁絃傳幽怨，翻別調寫愁煩，慢慢的把天

寶當年遺事彈。

〔外〕「天寶遺事」，好題目波。〔淨〕大姐，他唱的是什麼曲兒，可就是喒家的西調麼？〔丑〕也差不多兒。〔小生〕老丈，天寶年間遺事，一時那裡唱得盡者。請先把楊貴妃娘娘，當時怎生進宮，唱來聽波。〔末彈唱科〕

【二轉】想當初慶皇唐太平天下，訪麗色把蛾眉選刷。有佳人生長在弘農楊氏家，深閨內端的玉無瑕。那君王一見了歡無那，把鈿盒金釵親納，評跋做昭陽第一花。

〔丑〕那貴妃娘娘，怎生模樣波？〔淨〕可有喒家大姐這樣標致麼？〔副淨〕且聽唱出來者。〔末彈唱科〕

【三轉】那娘娘生得來仙姿佚貌，說不盡幽閒窈窕。真個是花輸雙頰柳輸腰，比昭君增妍麗，較西子倍風標，似觀音飛來海嶠，恍嫦娥偷離碧霄。更春情韻饒，春酣態嬌，春眠夢俏。總有好丹青，那百樣娉婷難畫描。

〔副淨笑科〕聽這老翁說的楊娘娘標致，恁般活現，倒象是親眼見的，敢則謊也。〔淨〕只要唱得好聽，管他謊不謊。那時皇帝怎麼樣看待他來，快唱下去者。〔末彈唱科〕

【四轉】那君王看承得似明珠沒兩，鎮日裡高擎在掌。賽過那漢宮飛燕倚新妝，可正是玉樓中巢翡翠，金殿上鎖着鴛鴦，宵偎晝傍。直弄得個伶俐的官家顛不剌、懵不剌，撇不下心兒上。弛了朝綱，占了情場，百支支寫不了風流帳。行廝並，坐廝當。雙，赤緊的倚了御床，博得個月夜花朝同受享。

〔淨倒科〕哎呀，好快活，聽的喒似雪獅子向火哩。〔丑扶科〕怎麼說？〔淨〕化了。〔眾笑科〕〔小生〕當日宮中有《霓裳羽衣》一曲，聞說出自御製，又說是貴妃娘娘所作，老丈可知其詳？請唱與小生聽咱。〔末彈唱科〕

【五轉】當日呵，那娘娘在荷庭把宮商細按，譜新聲將霓裳調翻。晝長時親自教雙鬟。舒素手，拍香檀，一字字都吐自朱唇皓齒間。恰便似一串驪珠聲和韻閒，恰便似鶯與燕弄關關，恰便似鳴泉花底流溪澗，恰便似明月下令令清梵，恰便似緱嶺上鶴唳高寒，恰便似步虛仙珮夜珊珊。傳集了梨園部、教坊班，向翠盤中高簇擁着個娘娘，引得那君王帶笑看。

〔小生〕一派仙音，宛然在耳，好形容波。〔外嘆科〕哎，只可惜當日天子寵愛了貴妃，朝歡暮樂，致使漁陽兵起。說起來令人痛心也！〔小生〕老丈，休只埋怨貴妃娘娘。當日只為誤任邊將，委政權奸，以致廟謨顛倒，四海動搖。若使姚、宋猶存，那見得有此。〔外〕這也說的是波。〔末〕嗨，若說起漁陽兵起一事，真是天翻地覆，慘目傷心。列位不嫌絮煩，待老漢再慢慢彈唱出來者。〔眾〕願聞。〔末彈唱科〕

【六轉】恰正好嘔嘔啞啞霓裳歌舞，不提防撲撲突突漁陽戰鼓。剗地里出出律律紛紛攘攘奏邊書，急得個上上下下都無措。早則是喧喧嗾嗾、驚驚遽遽、倉倉卒卒、挨挨拶拶出延秋西路，鑾輿後攜着個嬌嬌滴滴貴妃同去。又只見密密匝匝的兵，惡惡狠狠的語，鬧鬧炒炒、轟轟剨剨四下喳呼，生逼散恩恩愛愛、疼疼熱熱帝王夫婦。霎時間畫就了這一幅慘慘悽悽絕代佳人絕命圖。

〔外、副淨同歎科〕〔小生淚科〕哎，天生麗質，遭此慘毒。真可憐也！〔淨笑科〕這是說唱，老兄怎麼認真掉下淚來！〔丑〕那貴妃娘娘死後，葬在何處？〔末彈唱科〕

【七轉】破不剌馬嵬驛舍，冷清清佛堂倒斜。一代紅顏為君絕，千秋遺恨滴羅巾血。半棵樹是薄命碑碣，一抔土是斷腸墓穴。再無人過荒涼野，莽天涯誰吊梨花謝！可憐那抱幽怨的孤魂，只伴着嗚咽咽的望帝悲聲啼夜月。

〔外〕長安兵火之後，不知光景如何？〔末〕哎呀，列位，好端端一座錦繡長安，自被祿山破陷，光景十分不堪了。聽我再彈波。

〔彈唱科〕

【八轉】自鑾輿西巡蜀道，長安內兵戈肆擾。千官無復紫宸朝，把繁華頓消，頓消。六宮中朱戶掛蠨蛸，御榻傍白日狐狸嘯。叫鴟鴞也麼哥，長蓬蒿也麼哥。野鹿兒亂跑，苑柳宮花一半兒凋。有誰人去掃，去掃！玳瑁空梁燕泥兒拋，只留得缺月黃昏照。嘆蕭條也麼哥，染腥臊也麼哥！染腥臊，玉砌空堆馬糞高。

〔淨〕呸，聽了半日，餓得慌了。大姐，喒和你喝燒刀子，吃蒜包兒去。〔做腰邊解錢與末，同丑諢下〕〔外〕天色將晚，我每也去罷。〔送銀科〕酒資在此。〔末〕多謝了。〔外〕無端唱出興亡恨，〔副淨〕引得傍人也淚流。〔同外下〕〔小生〕老丈，我聽你這琵琶，非同凡手。得自何人傳授？乞道其詳。〔末〕

【九轉】這琵琶曾供奉開元皇帝，重提起心傷淚滴。〔小生〕這等說起來，定是梨園部內人了。〔末〕我也曾在梨園籍上姓名題，親向那沉香亭花裡去承值，華清宮宴上去追隨。〔小生〕莫不是賀老？〔末〕俺不是賀家的懷智。〔小生〕敢是黃旛綽？〔末〕黃旛綽同咱皆老輩。〔小生〕這等想必是雷海青？〔末〕我雖是弄琵琶，卻不姓雷。他呵，罵逆賊，久已身死名垂。〔小生〕這等，

想必是馬仙期了。〔末〕我也不是擅場方響馬仙期，那些舊相識都休話起。〔小生〕因何來到這裡？〔末〕我只為家亡國破兵戈沸，因此上孤身流落在江南地。〔小生〕畢竟老丈是誰波？〔末〕您官人絮叨叨苦問俺為誰，則俺老伶工名喚做龜年身姓李。

〔小生揖科〕呀，原來卻是李教師。失瞻了。〔末〕官人尊姓大名，為何知道老漢？〔小生〕小生姓李，名謩。〔末〕莫不是吹鐵笛的李官人麼？〔小生〕然也。〔末〕幸會，幸會。〔揖科〕〔小生〕請問老丈，那《霓裳》全譜可還記得波？〔末〕也還記得，官人為何問他？〔小生〕不瞞老大說，小生性好音律，向客西京。老丈在朝元閣演習《霓裳》之時，小生曾傍着宮墻，細細竊聽。已將鐵笛偷寫數段。只是未得全譜，各處訪求，無有知者。今日幸遇老丈，不識肯賜教否？〔末〕既遇知音，何惜末技。〔小生〕如此多感，請問尊寓何處。〔末〕窮途流落，尚乏居停。〔小生〕屈到舍下暫住，細細請教何如？〔末〕如此甚好。

【煞尾】俺一似驚烏繞樹，向空枝外，誰承望做舊燕尋巢入畫棟來。今日個知音喜遇知音在，這相逢，異哉！恁相投，快哉！李官人呵，待我慢慢的傳與你這一曲霓裳播千載。

〔末〕桃蹊柳陌好經過，張籍　〔小生〕聊復迴車訪薜蘿。白居易　〔末〕今日知音一留聽，劉禹錫　〔小生〕江南無處不聞歌。顧況

第三十九齣　私祭

【南呂引子】【小女冠子】〔老旦、貼道扮同上〕〔老旦〕舊時雲髻拋宮樣，〔貼〕依古觀共焚香。〔合〕歎夜來風雨催花葬，洗心好細翻經藏。

〔老旦〕寂寂雲房掩竹扃，〔貼〕春泉漱玉響泠泠。〔老旦〕舞衣施盡餘香在，〔貼〕日向花前學誦經。〔老旦〕吾乃天寶舊宮人永新是也。與念奴妹子，逃難出宮。直至金陵，在女貞觀中做了女道士。且喜十分幽靜，儘可修持。此間觀主，昨自西京，購請道藏回來。今日天氣晴和，着我二人檢曬經函。且索細細翻閱則個。〔場上先設經桌，老旦、貼同作翻介〕

【雙調過曲】【孝南枝】【孝順歌】金函啟，玉案張，臨風細翻春晝長。只見塵影弄晴光，靈花滿空降。〔老旦〕想當日在宮中，聽娘娘教白鸚哥念誦心經。若是早能學道，倒也免了馬嵬之難。〔貼〕那熱鬧之時，那個肯想到此。〔老旦〕便是昨日聽得觀主說，馬嵬坡酒家拾得娘娘錦襪一隻，還有遊人出錢求看哩，何況生前！〔合〕枉了雪衣提唱。是色非空，誰觀法相。【鎖南枝】羸得錦襪香殘，猶動行人想。〔雜扮道姑捧茶上〕「玉經日下曬，香茗雨前烹。」二位仙姑，檢經困乏了，觀主教我送茶在此。〔老旦、貼〕勞動了。〔作飲茶介〕〔雜〕呵呀，一片黑雲起來，要下雨哩。〔老旦、貼〕快把經函收拾罷。〔作收拾介〕〔雜〕你看鶯亂飛，草正芳，恰好應清明雨漂蕩。

〔下〕〔場上收經桌介〕〔老旦〕不是小道姑說起，倒忘了今日是清明佳節哩。此時家家掃墓，戶戶燒錢。妹子，我與你向受娘娘之恩，無從報答。就把一陌紙錢，一杯清茗，遙望長安哭奠一番。多少是好。〔貼〕姐姐，這是當得的，待我寫個牌位兒供養。〔作寫位供介〕〔同拜哭介〕娘娘呵，

【前腔】想着你恩難罄，恨怎忘，風流陡然沒下場。那裡是西子送吳亡，錯冤做宗周為褒喪。〔貼〕呀，庭下牡丹，雨中開了一朵。此花最是娘娘所愛，不免折來供在位前。〔合〕名花無恙，傾國佳人先歸黃壤。總有麥飯香醪，澆不到孤墳上。〔哭叫介〕我那娘娘嗄，只落得望斷眸，叫斷腸，淚如泉，哭聲放！〔暗下〕

【鎖南枝】〔末行上〕江南路，偶踏芳，花間雨過沾客裳。老漢李龜年，幸遇李謩官人，相留在家。今日清明佳節，出門閒步一回。卻好撞着風雨。懊恨故國雲迷，白首低難望。且喜一所道院在此，不免進去避雨片時。〔作進介〕松影閒，鶴唳長，且自暫徘徊石壇上。你看座列群真，經藏萬卷，好不莊嚴也。〔作看牌念介〕皇唐貴妃楊娘娘靈位。〔哭介〕哎喲，楊娘娘，不想這裡顛倒有人供養！

〔拜介〕

【前腔】〔換頭〕一朝把身喪，千秋抱恨長。〔老旦、貼一面上〕那個啼哭？〔作看驚介〕這人好似李師父的模樣，怎生到此？〔末〕恨殺六軍跋扈，生逼得君后分離，奇變驚天壤。可憐小人李龜年，〔老旦、貼〕原來果是李師父，〔末〕不能夠逢令節，奠一觴，沒揣的過仙宮，拜靈爽。

〔老旦、貼出見介〕李師父，弟子每稽首。〔末〕姑姑是誰？〔作驚認介〕呀，莫非永、念二娘子麼？〔老旦、貼〕正是。〔各淚介〕〔末〕你兩個幾時到此？〔老旦、貼〕師父請坐。我每去年逃難南來，出家在此。師父因何也到這裡？〔末〕我也因逃難，流落江南。前在鷲峰寺中，遇着李謩官人，承他款留到家，不想又遇你二人。〔老旦、貼〕那個李謩官人？〔末〕

說起也奇。當日我與你每，在朝元閣上演習霓裳。不想這李官人，就在宮墻外面竊聽。把鐵笛來偷記新聲數段。如今要我傳授全譜，故此相留。〔老旦、貼悲介〕唉，《霓裳》一曲倒得流傳，不想製譜之人已歸地下，連我每演曲的也都流落他鄉。好傷感人也。〔各悲介〕〔老旦、貼〕

【供玉枝】【五供養】言之痛傷，記侍坐華清，同演霓裳。玉纖抄秘譜，檀口教新腔。【玉交枝】他今日青青墓頭新草長，我飄飄陌路楊花蕩。【五供養】〔合〕驀地相逢處各沾裳，【月上海棠】白首紅顏，對話興亡。

〔末〕且喜天色晴霽，我告辭了。〔老旦、貼〕且自消停。請問師父，梨園舊人，都怎麼樣了？〔末〕賀老與我同行，途中病故；黃旛綽隨駕去了；馬仙期陷在城中，不知下落；只有雷海青罵賊而死。

【前腔】追思上皇，澤遍梨園，若個能償！〔泣介〕那雷老呵，他忠魂昭白日，羞殺我遺老泣斜陽。〔老旦、貼〕師父，可曉得秦、虢二夫人都被亂兵殺死了？〔末〕便是朱門麗人都可傷，長安曲水誰遊賞。〔合〕驀地相逢處，各沾裳。白首紅顏，對話興亡。

〔老旦、貼〕不知萬歲爺，何日回鑾？〔末〕李官人向在西京，近因郭元帥復了長安，兵戈寧息，方始得歸。想上皇不日也就回鑾了。〔老旦、貼〕如此，謝天地。〔末〕日晚途遙，就此去了。〔老旦、貼〕待與娘娘焚了紙錢，素齋少敘。

〔末〕南來今祗一身存，韓愈　〔老、貼〕新換霓裳月色裙。王建　〔末〕人世幾回傷往事，劉禹錫　〔老、貼〕落花時節又逢君。杜甫

第四十齣　仙憶

【南呂引子】【掛真兒】〔旦扮仙、老旦扮仙女隨上〕駕鶴驂鸞去不返，空回首天上人間。端正樓頭，長生殿裡，往事關情無限。

【浣溪紗】「縹緲雲深鎖玉房，初歸仙籍意茫茫。回頭未免費思量。忽見瑤階琪樹裡，彩鸞棲處影雙雙。幾番拋卻又牽腸。」

我楊玉環，幸蒙玉旨，復位仙班，仍居蓬萊山太真院中。只是定情之物，身不暫離；七夕之盟，心難相負。提起來好不話長也！

【高平過曲】【九回腸】【解三酲】沒奈何一時分散，那其間多少相關。死和生割不斷情腸絆，空堆積恨如山。他那裡思牽舊緣愁不了，俺這裡淚滴殘魂血未乾，空嗟嘆。【三學士】不成比目先遭難，拆鴛鴦說甚仙班。〔出釵盒看介〕看了這金釵鈿盒情猶在，早難道地久天長盟竟寒。【急三鎗】何時得青鸞便，把緣重續，人重會，兩下訴愁煩！

〔貼上〕「試上蓬萊山頂望，海波清淺鶴飛來。」自家寒簧，奉月主娘娘之命，與太真玉妃索取霓裳新譜。來此已是，不免徑入。〔進見介〕玉妃，稽首。〔旦〕仙子何來？〔貼笑介〕玉妃還認得我寒簧麼？〔旦想介〕哦，莫非是月中仙子？〔貼〕然也。〔旦〕請坐了。〔貼坐介〕〔旦〕夢中一別，不覺數年。今日遠臨，乞道來意。〔貼〕玉妃聽啟，

【清商七犯】【簇御林】只為霓裳樂在廣寒，羨靈心，將譜細翻。特奉月主娘娘之命，【鶯啼序】訪知音遠叩蓬山，借當年圖譜親看。

〔旦〕原來為此。當日幸從夢裡獲聽仙音，雖然摹入管絃，尚愧依稀錯誤。【高陽臺】何煩蟾宮謬把遺調揀，我尋思起轉自潸潸。〔淚介〕〔貼〕呀，玉妃為何掉下淚來？〔旦〕【降黃龍】痛我歷劫遭磨，宮冷商殘。【二郎神】朱絃已斷，羞將此調重彈。煩仙子轉奏月主，說我塵凡舊譜，不堪應命。伏乞矜宥。〔貼〕玉妃休得固拒，我月主娘娘呵，慕你聰明絕世罕，【集賢賓】度新聲，占斷人間。求觀恨晚，休辜負雲中青盼。〔旦〕既蒙月主下訪，前到仙山，偶然追憶，寫出一本在此。〔貼〕如此甚好。〔旦〕侍兒，可去取來。〔老應下，取上〕譜在此。〔旦接介〕仙子，譜雖取到，只是還須謄寫纔好。〔貼〕為何？〔旦〕你看呵，【黃鶯兒】字闌珊，模糊斷續，都染就淚痕斑。

〔貼〕這卻不妨。〔旦付譜介〕如此，即煩呈上月主，說夢中竊記，音節多訛，還求改正。〔貼〕領命，就此告別。

〔貼〕從初直到曲成時，王建　〔旦〕爭得姮娥子細知。唐彥謙　〔貼〕莫怪殷勤悲此曲，劉禹錫　〔旦〕月中流豔與誰期。李商隱

〔貼持譜下〕〔旦〕侍兒閉上洞門，隨我進來。〔老應隨下〕

第四十一齣　見月

【仙呂入雙調過曲】【雙玉供】【玉胞肚】〔雜扮四將、二內侍，引生騎馬，丑隨行上〕〔合〕重華迎待，促歸程，把回鑾仗排。離南京不聽鵑啼，怕西京尚有鴻哀。【五供養】喜山河未改，復睹這皇圖風采。〔眾百姓上，跪接介〕扶風百姓迎接老萬歲爺。〔生〕生受你每，回去罷。〔百姓叩頭呼「萬歲」下〕〔生眾行介〕【玉胞肚】紛紛父老競攔街，叩首齊呼「萬歲」來。

〔丑〕啟萬歲爺，天色已晚，請鑾輿就在鳳儀宮駐蹕。〔生下馬介〕眾軍士，外廂伺候。〔軍〕領旨。〔下〕〔生進介〕高力士，此去馬嵬，還有多少路？〔丑〕只有一百多里了。〔生〕前已傳旨，令該地方官建造妃子新墳，你可星夜前往，催督工程，

候朕到時改葬。〔丑〕領旨。「暫辭鳳儀去，先向馬嵬行。」〔下〕〔內侍暗下〕〔生〕「西川出狩乍東歸，駐蹕離宮對夕暉。記得去年嘗麥飯，一回追想一沾衣。」寡人自幸蜀中，不覺一載有餘。幸喜西京恢復，回到此間。你看離宮寥寂，暮景蒼涼。好傷感人也！

【攤破金字令】黃昏近也，庭院凝微靄，清宵靜也，鐘漏沉虛籟。一個愁人有誰偢睬，已自難消難受，那堪墻外，又推將這輪明月來。寂寂照空階，淒淒浸碧苔。獨步增哀，雙淚頻揩，千思萬量沒布擺。

寡人對着這輪明月，想起妃子冷骨荒墳，愈覺傷心也！

【夜雨打梧桐】霜般白，雪樣皚，照不到冷墳臺。好傷懷，獨向嬋娟陪待。驀地回思當日，與你偶爾離開，一時半刻也難捱，何況是今朝永隔幽明界。〔泣介〕我那妃子呵，當初與你釵、盒定情，豈料遂為殉葬之物。歡娛不再，只這盒釵，怎不向人間守，翻教地下埋。

〔歎介〕咳，妃子，妃子，想你生前音容如昨，教我怎生忘記也！

【攤破金字令】〔換頭〕休說他嬌嚬妍笑，风流不復偕，就是頳顏微怒，淚眼慵抬，便千金何處買。縱別有佳人，一般姿態，怎似伊情投意解，恰可人懷。思量到此呆打孩。我想妃子既歿，朕此一身雖生猶死，倘得死後重逢，可不強如獨活。孤獨愧形骸，餘生死亦該。惟只願速離塵埃，早赴泉臺，和伊地中將連理栽。

記得當年七夕，與妃子同祝女牛，共成密誓。豈知今宵月下，單留朕一人在此也！

【夜雨打梧桐】長生殿，曾下階，細語倚香腮。兩情諧，願結生生恩愛。誰想那夜雙星同照，此夕孤月重來。時移境易人事改。月兒，月兒，我想密誓之時，你也一同聽見的！記鵲橋河畔，也有你姮娥在，如何廝賴！索應該攛掇他牛和女，完成咱盒共釵。

〔內侍上〕夜色已深，請萬歲爺進宮安息。

〔生〕銀河漾漾月輝輝，崔櫓　萬乘淒涼蜀路歸。崔道融　香散豔消如一夢，王遒　離魂漸逐杜鵑飛。韋莊

第四十二齣　驛備

【越調過曲】【梨花兒】〔副淨扮驛丞上〕我做驛丞沒傝㒧，缺供應付常吃打。今朝駕到不是耍，嗏，若有差遲便拿去殺。

自家馬嵬驛丞，從小衙門辦役。考了雜職行頭，挖選馬嵬大驛。雖然陸路衝繁，卻喜津貼饒溢。送分例，落下些折頭；造銷算，開除些馬匹。日支正項俸薪，還要月扣衙門工食。怕的是公吏承差，嚇的是徒犯驛卒。求買免，設定常規；比月錢，百般威逼。及至擺站缺人，常把屁都急出。今更有大事臨頭，太上皇來此駐蹕。連忙喚各色匠人，將驛舍周圍收拾，又因改葬貴妃娘娘，重把墳塋建立。恐土工窺見玉體，要另選女工四百。報道高公已到，催辦工程緊急。若還誤了些兒，〔彈紗帽介〕怕此頭要短一尺。〔末扮驛卒上〕〔見介〕老爹，我已將各匠催齊，你放心，不須憂戚。〔副淨〕還有女工呢？〔末〕現有四百女工，都在驛門齊集。〔副淨〕快喚進來。〔末喚介〕女工每走動。〔貼、淨、雜扮村婦，丑短鬚女扮，各攜鍬鋤上〕「本是村莊婦，來充埋築人。」〔見介〕女工每叩頭。〔末〕起來點名。〔副淨點介〕周二媽。〔淨應〕〔副淨〕吳姥姥。〔貼應〕〔副淨〕鄭胖姑。〔雜應〕〔副淨〕尤大姐。〔丑掩口作嬌聲應介〕〔副淨作細看介〕咦，怎麼這個女工掩着了嘴答應，一定有些蹊蹺。驛子與我看來。〔末應扯丑手開看介〕老爹，是個鬍子。〔副淨〕是男，是女？〔丑〕是女。〔副淨〕女人鬍的子，那裡有生在嘴上的，我不信。驛子，再把他褲襠裡搜一搜。〔末應作搜丑，諢介〕老爹，這鬍子是假充女工的。〔副淨〕哎呀，了不得，這是上用欽工，非同小可。虧得我老爹精細，若待皇帝看見，險些把我這顆頭，斷送在你鬍子嘴上了。好打，好打。

〔丑〕只因老爹這裡催得緊，本村湊得三百九十九名，單單少了一名，故此權來充數，明日另換便了。〔副淨〕也罷，快打出去。

〔末應，打丑下〕〔副淨看眾笑介〕如今我老爹疑心起來，只怕連你每也不是女人哩。〔眾笑介〕我每都是女人。〔副淨〕口說無憑，我老爹只要用手來大家摸一摸，才信哩。〔作撈摸眾作躲避走笑介〕〔淨〕笑你老爹好長手，〔雜〕剛剛摸着一個鬃剔帚。〔副淨〕弄了一手白鰲香，〔貼〕拿去房中好下酒。〔諢介〕〔老旦一面上〕「欲將錦襪獻天子，權把鏵鍬充女工。」老身王嬤嬤，自從拾得楊娘娘錦襪，過客爭求一看，賺了許多錢鈔。目今聞說老萬歲爺回來，一則收藏禁物，恐有禍端，二則將此錦襪獻上，或有重賞，也未可知。恰好驛中命報女工，要去攙上一名。葬完就好進獻，來此已是驛前了。〔末上見介〕你這老婆子，那裡來的？〔老旦〕來投充女工的。〔末〕住着。〔進介〕老爹，有一個投充女工的老婆子在外。〔副淨〕喚進來。

〔末出，喚老旦進見介〕〔副淨〕你是投充女工的麼？〔老旦〕正是。〔副淨〕我看你年紀老了些，怕做不得工。只是現少一名，急切裡沒有人，就把你頂上罷。你叫甚名字？〔老旦〕叫做王嬤嬤。〔副淨〕好，好！恰好周、吳、鄭、王四人。你四人就

做個工頭，每一人管領女工九十九人。住在驛中操演，伺候駕到便了。〔眾〕曉得。〔做各見諢介〕〔副淨〕你每各拿了鍬鋤，待我老爹親自教演一番。〔眾應各拿鍬鋤，副淨作教演勢，眾學介〕〔副淨〕

【亭前柳】鍬钁手中拿，挖掘要如法。莫教侵玉體，仔細撥黃沙。〔合〕大家、演習須熟滑，此奉欽遵，切休得有爭差。

〔眾〕老爹，我每呵，

【前腔】田舍業桑麻，慣見弄泥沙。小心齊用力，怎敢告消乏。〔合〕大家、演習須熟滑，此奉欽遵，切休得有爭差。

〔副淨〕且到裡邊連夜操演去。〔眾應介〕

玉顏虛掩馬嵬塵，高駢　雲雨雖亡日月新。鄭畋
曉向平原陳祭禮，方干　共瞻鑾駕重來巡。僧廣宣

第四十三齣　改葬

【商調引子】【憶秦娥】〔生引二內侍上〕傷心處，天旋日轉迴龍馭；迴龍馭，踟躕到此，不能歸去。

寡人自蜀回鑾，痛傷妃子倉卒捐生，未成禮葬。特傳旨另備珠襦玉匣，改建墳塋，待朕親臨遷葬，因此駐蹕馬嵬驛中。〔淚介〕對着這佛堂梨樹，好悽慘人也！

【商調過曲】【山坡羊】恨悠悠江山如故，痛生生游魂血汙。冷清清佛堂半間，綠陰陰一本梨花樹。空自吁，怕夜臺人更苦。那裡有珮環夜月歸朱戶，也慢想顏面春風識畫圖。〔丑暗上〕〔見介〕奴婢奉旨，築造貴妃娘娘新墳，俱已齊備。請萬歲爺親臨啟墓。〔生〕傳旨起駕。〔丑〕領旨。〔傳介〕軍士每，排駕。〔雜扮軍士上，引行介〕「馬嵬坡下泥土中，不見玉容空死處。」〔到介〕〔丑〕啟萬歲爺，這白楊樹下，就是娘娘埋葬之處了。〔生〕你看蔓草春深，悲風日薄。妃子，妃子，兀的不痛殺寡人也。〔哭介〕號呼，叫聲聲魂在無？欷歔，哭哀哀，淚漸枯。

〔老旦、雜、貼、淨四女工帶鋤上〕〔老旦〕老萬歲爺來了。我每快些前去，伺候開墳。〔丑〕你每都是女工麼？〔眾應介〕〔丑啟生介〕女工每到齊了。〔生〕傳旨，軍士迴避。高力士，你去監督女工，小心開掘。〔丑應傳介〕〔軍士下〕〔眾女工作掘介〕〔眾〕

【水紅花】向高岡一謎下鍬鋤，認當初，白楊一樹。怕香銷翠冷伴蚍蜉，粉肌枯，玉容難睹。〔眾驚介〕掘下三尺，只有一個空穴，並不見娘娘玉體！早難道為雲為雨，飛去影都無，但只有芳香四散襲人裾也囉。

〔淨〕呀，是一個香囊。〔丑〕取來看。〔淨遞囊，丑接看哭介〕我那娘娘呵，你每且到那廂伺候去。〔眾應下〕〔丑啟生介〕啟萬歲爺，墓已啟開，卻是空穴。連裹身的錦褥和殉葬的金釵、鈿盒都不見了。只有一個香囊在此。〔生〕有這等事。〔接囊看大哭介〕呀，這香囊乃當日妃子生辰，在長生殿上試舞《霓裳》，賜與他的。我那妃子呵，你如今卻在何處也！

【山坡羊】慘悽悽一匡空墓，杳冥冥玉人何去？便做虛飄飄錦褥兒化塵，怎那硬撐撐釵盒也無尋處。空剩取香囊猶在土，尋思不解緣何故，恨不得喚起山神責問渠。〔想介〕高力士，你敢記差了麼？〔丑〕奴婢當日，曾削楊樹半邊，題字為記。如何得差。〔生〕敢是被人發掘了？〔丑〕若經發掘，怎得留下香囊？〔生呆想不語介〕〔丑〕奴婢想來，自古神仙多有屍解之事。或者娘娘屍解仙去，也未可知。即如橋山陵寢，止葬黃帝衣冠。這香囊原是娘娘臨終所佩，將來葬入新墳之內，也是一般了。〔生〕說的有理。高力士，就將這香囊裹以珠襦，盛以玉匣，依禮安葬便了。〔丑〕領旨。〔生哭介〕號呼，叫聲聲魂在無？欷歔，哭哀哀，淚漸枯。

〔丑持囊出介〕〔作盛囊入匣介〕香囊盛放停當，女工每那裡？〔眾上〕〔丑〕你每把這玉匣，放在墓中，快些封起墳來。〔眾作築墳介〕

【水紅花】當時花貌與香軀，化虛無，一抔空墓；今朝玉匣與珠襦，費工夫，重泉深錮。更立新碑一統，細把淚痕書。從今流恨滿山隅也囉。

〔丑〕墳已封完，每人賞錢一貫。去罷。〔眾謝賞，叩頭介〕〔淨、貼、雜先下〕〔丑問老旦介〕你這婆子，為何不去？〔老旦〕稟上公公，老婦人舊年在馬嵬坡下，拾得楊娘娘錦襪一隻，帶來獻上老萬歲爺。〔丑〕待我與你啟奏。〔見生介〕啟萬歲爺，有個女工，說拾得楊娘娘錦襪一隻，帶來獻上。〔生〕快宣過來。〔丑喚老旦進見介〕婢子叩見老萬歲爺。〔獻襪介〕〔生〕取上來。〔丑取送生介〕〔老旦起立介〕〔生看哭介〕呀，果然是妃子的錦襪，你看芳香未散，蓮印猶存。我那妃子呵，〔哭介〕

【山坡羊】俊彎彎一鉤重睹，暗濛濛餘香猶度。裊亭亭記當年翠盤，瘦尖尖穩逐紅鴛舞。還憶取、深宵殘醉餘，夢酣春透勾人覷。今日裡空伴香囊留恨俱。〔哭介〕號呼，叫聲聲魂在無？欷歔，哭哀哀，淚漸枯。

高力士，賜他金錢五千貫，就着在此看守貴妃墳墓。〔老旦叩頭介〕多謝老萬歲爺。〔起出看鋤介〕「無心再學持鋤女，有

鈔甘為守墓人。」〔下〕〔外引四軍上〕「見闢乾坤新定位，看題日月更高懸。」〔見介〕臣朔方節度使郭子儀，欽奉上命，帶領鹵簿，恭迎太上皇聖駕。〔生〕卿蕩平逆寇，收復神京。宗廟重新，乾坤再造，真不世之功也。〔外〕臣忝為大帥，破賊已遲。負罪不遑，何功之有！〔生〕卿說那裡話來，高力士，分付起行。〔丑〕領旨。〔傳介〕〔生更吉服介〕〔眾引生行介〕

【水紅花】五雲芝蓋簇鑾輿，返皇都，旌旗溢路。黃童白叟共相扶，盡歡呼，天顏重睹。從此新豐行樂，少帝奉興居。千秋萬載鞏皇圖也囉。

腸斷將軍改葬歸，徐夤　下山回馬尚遲遲。杜牧

經過此地千年恨，劉滄　空有香囊和淚滋。鄭嵎

第四十四齣　慫合

【南呂引子】【阮郎歸】〔小生上〕碧梧天上葉初飛，秋風又報期。雲中遙望鵲橋齊，隔河影半迷。

「豈是仙家好別離，故教迢遞作佳期。只緣碧落銀河畔，好在金風玉露時。」吾乃牽牛是也。今當下界上元二年七月七夕，天孫將次渡河，因此先在河邊伺候。記得天寶十載，吾與天孫相會之時，見唐天子與貴妃楊玉環，在長生殿上拜禱設誓，願世世為夫婦。豈料轉眼之間，把玉環生生斷送，好不可憐人也。

【南呂過曲】【香遍滿】佳人絕世，千秋第一冤禍奇。把無限綢繆輕拋棄，可憐非得已。死生無見期。空留萬種悲，枉罰下多情誓。

【朝天懶】【朝天子】〔貼引雜扮二仙女上〕好會年年天上期，不似塵緣淺，有變移。【水紅花】見仙郎河畔獨徘徊，把駕頻催。

〔雜報介〕天孫到。〔小生迎介〕天孫來了。〔同織女對拜介〕〔合〕【懶畫眉】相逢一笑深深拜，隔歲離情各自知。

〔小生〕天孫，請同到斗牛宮去。〔攜貼行介〕攜手步雲中，〔貼〕仙裾颺好風。〔合〕河明烏鵲渚，星聚斗牛宮。〔到介〕

〔雜暗下〕〔小生〕天孫請坐。〔坐介〕

【二犯梧桐樹】【金梧桐】瓊花繞繡帷，霞錦搖珠珮。〔貼合〕斗府星宮，歲歲今宵會。【梧桐樹】銀河碧落神仙配，地久天長，豈但朝朝暮暮期。【五更轉】願教他人世上夫妻輩，都似我和伊，永遠成雙作對。

〔小生〕天孫，

【浣溪紗】你且慢提，人間世、有一處怎偏忘記。〔貼〕忘了何處？〔小生〕可記得長生殿裡人一對，曾向我焚香密誓齊。〔貼〕此李三郎與楊玉環之事也，我怎不記得。〔小生〕天孫既然記得，須念彼、墮萬古傷心地，他願世世生生，忍教中路分離。

〔貼〕提記玉環之事，委實可傷。我前因馬嵬土地之奏，

【劉潑帽】念他獨抱情無際，死和生守定不移，含冤流落幽冥地。因此呵，為他奏玉墀，令再證蓬萊位。

〔小生笑介〕天孫雖則如此，只是他呵，

【秋夜月】做玉妃、不過群仙隊，寡鵠孤鸞白雲內，何如並翼鴛鴦美。念盟言在彼，與圓成仗你。

〔貼〕仙郎，我豈不欲為他重續斷緣。只是李三郎呵，

【東甌令】他情輕斷，誓先隳，那玉環呵，一個鍾情枉自痴。從來薄倖男兒輩，多負了佳人意。伯勞東去燕西飛，怎使做雙棲！

〔小生〕天孫所言，李三郎自應知罪。但是當日馬嵬之變呵，

【金蓮子】國事危，君王有令也反抗逼，怎救的、佳人命摧。想今日也不知怎生般悔恨與傷悲。

〔貼〕仙郎恁般說，李三郎罪有可原。他若果有悔心，再為證完前誓便了。〔二雜上〕啟娘娘，天雞將唱，請娘娘渡河。〔貼〕就此告辭。〔小生〕河邊相送。〔攜手行介〕

【尾聲】沒來由將他人情事閒評議，把這度良宵虛廢。唉，李三郎、楊玉環，可知俺破一夜工夫都為着你！

雲階月地一相過，杜牧　爭奈閒思往事何。白居易

一自仙娥歸碧落，劉滄　千秋休恨馬嵬坡。徐夤

第四十五齣　雨夢

【越調引子】【霜天曉角】〔生上〕愁深夢杳，白髮添多少。最苦佳人逝早，傷獨夜，恨閒宵。

「不堪閒夜雨聲頻，一念重泉一愴神。挑盡燈花眠不得，淒涼南內更何人。」朕自幸蜀還京，退居南內，每日只是思想妃子。前在馬嵬改葬，指望一睹遺容，不想變為空穴，祇剩香囊一個。不知果然屍解，還是玉化香消？徒然展轉尋思，怎得見他一面？今夜對着這一庭苦雨、半壁愁燈，好不淒涼人也！

【越調過曲】【小桃紅】冷風掠雨戰長宵，聽點點都向那梧桐哨也。蕭蕭颯颯，一齊暗把亂愁敲，纔住了又還飄。那堪是鳳幃空，

串煙銷，人獨坐，廝湊着孤燈照也，恨同聽沒個嬌嬈。〔淚介〕猛想着舊歡娛，止不住淚痕交。

〔內打初更介〕〔小生內唱、生作聽介〕呀，何處歌聲，淒淒入耳，得非梨園舊人乎？不免到簾前，憑闌一聽。〔作起立憑闌介〕此張野狐之聲也，且聽他唱的是甚曲兒。〔作一面聽、一面欷歔掩淚介〕〔小生在場內立高處唱介〕

【下山虎】萬山蜀道，古棧岧嶢。急雨催林杪，鐸鈴亂敲。似怨如愁，碎聒不了，響應空山魂暗消。一聲兒忽慢㛹，一聲兒忽緊搖。無限傷心事，被他逗挑，寫入清商傳恨遙。

〔內二鼓介〕〔生悲介〕呀，原來是朕所製《雨淋鈴》之曲。記昔朕在棧道，雨中聞鈴聲相應，痛念妃子，因採其聲，製成此曲。今夜聞之，想起蜀道悲悽，愈加腸斷也。

【五韻美】聽淋鈴，傷懷抱。淒涼萬種新舊繞，把愁人禁虐得十分惱。天荒地老，這種恨誰人知道。你聽窗外雨聲越發大了。疏還密，低復高，纔合眼，又幾陣窗前把人夢攪。

〔丑上〕「西宮南內多秋草，夜雨梧桐落葉時。」〔見介〕夜已深了，請萬歲爺安寢罷。〔內三鼓介〕〔生〕呀，漏鼓三交，且自隱几而臥。哎，今夜呵，知甚夢兒得到俺眼裡來也！〔仰哭介〕

【哭相思】悠悠生死別經年，魂魄不曾來入夢。

〔睡介〕〔丑〕萬歲爺睡了，咱家也去歇息兒咱。〔虛下〕〔小生、副淨扮二內侍帶劍上〕「幽情消未得，入夢感君王。」〔向上跪介〕萬歲爺請醒來。〔生作醒看介〕你二人是那裡來的？〔小生、副淨〕奴婢奉楊娘娘之命，來請萬歲爺。

【五般宜】只為當日個亂軍中禍殃慘遭，悄地向人叢裡換妝隱逃，因此上流落久蓬飄。〔生驚喜介〕呀，原來楊娘娘不曾死，如今卻在那裡！〔小生、副淨〕為陛下朝想暮想，恨縈愁繞，因此把驛庭靜掃，〔叩頭介〕望鑾輿幸早。說要把牛女會深盟，和君王續未了。

〔生淚介〕朕為妃子百般思想，那曉得卻在驛中。你二人快隨朕前去，連夜迎回便了。〔小生、副淨〕領旨。〔引生行介〕

【山麻稭】〔換頭〕喜聽說如花貌，猶兀自現在人間，當面堪邀。忙教、潛出了御苑內夾城複道，顧不得夜深人靜，露涼風冷，月黑途遙。

〔末上攔介〕陛下久已安居南內，因何深夜微行，到那裡去？〔生驚介〕

【蠻牌令】何處潑官僚，攔駕語嘵嘵？〔末〕臣乃陳元禮，陛下快請回宮。〔生怒介〕哇，陳元禮，你當日在馬嵬驛中，暗激軍士逼死貴妃，罪不容誅。今日又待來犯駕麼？君臣全不顧，輒敢肆狂驍。〔末〕陛下若不回宮，只怕六軍又將生變。〔生〕哇，陳元禮，你欺朕無權柄，閒居退朝。只逞你有威風，卒悍兵驕。法難恕，罪怎饒。叫內侍，快把這亂臣賊子首級懸梟。

〔小生、副淨〕領旨。〔作拿末殺下，轉介〕啟萬歲爺已到驛前了。請萬歲爺進去。〔暗下〕〔生進介〕

【黑麻令】只見沒多半空寮、廢寮，冷清清臨着這荒郊、遠郊。內侍，娘娘在那裡？〔回顧介〕呀，怎一個也不見了。單則聽颯剌剌風搖、樹搖，啾唧唧四壁寒蛩絮，一片愁苗、怨苗。〔哭介〕哎喲，我那妃子呵，叫不出花嬌、月嬌，料多應形消、影消。〔內鳴鑼，生驚介〕呀，好奇怪，一霎時連驛亭也都不見，倒來到曲江池上了。好一片大水也。不提防斷砌、頹垣，翻做了驚濤、沸濤。

〔望介〕你看大水中間，又湧出一個怪物。豬首龍身，舞爪張牙，奔突而來。好怕人也！〔內鳴鑼，扮豬龍、項帶鐵索，跳上撲生，生驚奔，趕至原處睡介〕〔二金甲神執錘上，擊豬龍喝介〕哇，孽畜，好無禮！怎又逃出，到此驚犯聖駕，還不快去。〔作牽豬龍、打下〕〔生作驚叫介〕哎喲，唬殺我也。〔丑急上、扶介〕萬歲爺，為何夢中大叫？〔生作呆坐、定神介〕高力士，外邊什麼響？

〔丑〕是梧桐上的雨聲？〔內打四更介〕〔生〕

【江神子】〔別體〕我只道誰驚殘夢飄，原來是亂雨蕭蕭，恨殺他枕邊不肯相饒，聲聲點點到寒梢，只待把潑梧桐鋸倒。高力士，朕方纔夢見兩個內侍，說楊娘娘在馬嵬驛中來請朕去。多應芳魂未散。朕想昔時漢武帝思念李夫人，有李少君為之召魂相見，今日豈無其人！你待天明，可即傳旨，遍覓方士來與楊娘娘召魂。〔丑〕領旨。〔內五鼓介〕〔生〕

【尾聲】紛紛淚點如珠掉，梧桐上雨聲廝鬧。只隔着一個窗兒直滴到曉。

半壁殘燈閃閃明，吳融　雨中因想雨淋鈴。羅隱
傷心一覺興亡夢，方壺居士　直欲裁書問杳冥。魏樸

第四十六齣　覓魂

〔淨扮道士，小生、貼扮道童，執幡引上〕「臨邛道士鴻都客，能以精誠致魂魄。為感君王展轉思，便教遍處殷勤覓。」貧道楊通幽是也。籍隸丹臺，名登紫籙。呼風掣電，御氣天門。攝鬼招魂，游神地府。只為太上皇帝思念楊妃，遍訪異人召魂

相見。俺因此應詔而來。太上皇十分歡喜，詔於東華門內，依科行法。已曾結就法壇，今晚登壇宣召。童兒，隨我到壇上去來。

〔童捧劍、水同行科〕〔淨〕

【仙呂點絳唇】仔為他一點情緣，死生銜怨。思重見，憑着咱道力無邊，特地把神通顯。

〔場上建高壇科〕〔小生、貼〕已到壇了。〔淨〕是好一座法壇也。

【混江龍】這壇本在虛空闢建，象涵太極法先天。無中有陰陽攢聚，有中無水火陶甄。〔童〕基址從何而立？〔淨〕基址呵，遣五丁，差六甲，運戊己中央當下立。〔童〕用何工夫而成？〔淨〕用工夫，養嬰兒，調姹女，配乙庚金木剎那全。〔童〕壇上可有戶牖？〔淨〕戶牖呵，對金雞，朝玉兔，坎離卯酉。〔童〕方向呢？〔淨〕方向呵，鎮黃庭，通紫極，子、午、坤乾。〔童〕這壇可有多少大？〔淨〕雖只是倚方隅，占基階，壇場咫尺，卻可也納須彌，藏世界，道里由延。〔童〕原來包羅恁寬！〔淨〕上包着一周天三百六十躔度，內星辰日月。〔童〕想那分統處量也不小。〔淨〕中分統四大洲，億萬百千閻浮界，嶽瀆山川。〔童〕壇上誰聽號令？〔淨〕聽號令，則那些無稽滯，司風、司火，司雷、司電。〔童〕誰供驅遣？〔淨〕供驅遣，無非這有職掌，值時、值日，值月、值年。〔童〕繞壇有何景象？〔淨〕半空中繞嗺嗺鸞吟鳳嘯，兩壁廂列森森虎伏龍眠。端的是一塵不染，眾妄都蠲。〔童〕若非吾師無邊道力，安能建此無上法壇？〔淨〕這全托賴着大唐朝君王福分，敢誇俺小鴻都道力精虔。〔童〕請吾師上壇去者。

〔內細樂，二童引淨上壇科〕〔淨〕趁天風，隨仙樂，雙引着鸞旌高步斗。〔內鐘鼓科〕〔淨〕響金鐘，鳴法鼓，恭擎象簡迴朝元。

〔童獻香料〕請吾師拈香。〔淨拈香科〕這香呵，不數他西天竺旃檀林青獅窟，根蟠鷲鷟，東洋海波斯國瑞龍腦形似蠶蟬。結祥雲，騰寶霧，直沖霄漢；透清微，縈碧落，普供真玄。第一炷，祝當今皇帝享無疆聖壽，保洪圖社稷，鞏國祚延綿。第二炷，願疆場靜，烽燧銷，普天下各道、各州、各境里，民安盜息無征戰；禾黍登，蠶桑茂，百姓每若老、若幼、若壯者，家封戶給樂田園。第三炷，單只為死生分，情不滅，待憑這香頭一點，溫熱了夜臺魂；幽明隔，情難了，思倩此香煙百轉，吹現出春風面。〔童獻花介〕散花。〔淨散花科〕這花呵，不學他老瞿曇對迦葉糊塗笑撚，謾勞他諸天女訪維摩撒漫飛旋。俺特地採蘅蕪，踏穿閬苑，幾度價尋懷夢摘遍瓊田。顯神奇，要將他殘英再接相思樹，施伎倆，管教他落花重放並頭蓮。〔童獻燈科〕獻燈。〔淨捧燈科〕這燈呵，爛輝輝靈光常向千秋照，燦熒熒心燈只為一情傳。抵多少衡遙石懷中秘授，還形燭帳裡高燃。他則要續痴情，接上這殘燈焰，俺可待點神燈，照徹那舊冤愆。〔童獻法盞科〕請吾師咒水。〔淨捧水科〕這水呵，曾游比目，曾汎雙鴛。你漫道當日個如魚也那得水，可知道到頭來，水、米也沒有半點交纏。數不盡情河愛海波終竭，似那等幻泡浮漚浪易掀。他只道曾經滄海難為水，怎如俺這一滴楊枝徹九泉。〔童〕供養已畢，請問吾師如何行法召魂咱？〔淨〕你與我把招魂衣攝，遺照圖懸，龍墀淨掃，鳳幄高褰。等到那二更以後，三鼓之前，眠猧不吠，宿鳥無喧，葉寧樹杪，蟲息階沿，露明星黯，月漏風穿，潛潛隱隱，冉冉翩翩，看步珊珊是耶非一個佳人現，纔折證人間幽恨，地下殘緣。

〔內奏法音科〕〔丑捧青詞上〕「九天青鳥使，一幅紫鸞書。」〔進跪科〕高力士奉太上皇之命，謹送青詞到此。〔童接詞進上科〕

〔淨向丑拱科〕中官，且請壇外少候片時。〔丑應下〕〔淨〕

【油葫蘆】俺子見御筆青詞寫鳳箋，漫從頭仔細展。單子為死離生別那嬋娟，牢守定真情一點無更變。待想他芳魂兩下重相見，俺索召李夫人來帳中。煞強如西王母臨殿前，穩情取漢劉郎遂卻心頭願，向今宵同款款話因緣。

〔動法器科〕〔淨作法、焚符念科〕此道符章，鶴翥鸞翔，功曹符使，速莅壇場。〔雜扮符官騎馬舞下，見科〕仙師，有何法旨？

〔淨付符科〕有煩使者，將此符命，速召貴妃楊氏陰魂到壇者。〔雜接符科〕領法旨。〔做上馬繞場下〕〔淨〕

【天下樂】俺只見力士黃巾去召宣，揚也波鞭不暫延。管教他閃陰風一靈兒勾向前，俺這裡靜悄悄壇上躬身等，他那裡急煎煎宮中望眼穿，呀，怎多半日雲頭不見轉？

為何此時還不到來，好疑惑也！

【那吒令】闊迢迢山前水前，望香魂渺然。黯沉沉星前月前，盼芳容杳然。冷清清階前砌前，聽靈蹤悄然。不免再燒一道催符去者。

〔焚符科〕蠢硃符不住燒，歹劍訣空掐遍，枉念殺波沒准的真言。

〔雜上見科〕覆仙師：小聖人間遍覓楊氏陰魂，無從召取。〔淨〕符使且退。〔雜〕領法旨。〔舞下〕〔淨下壇科〕童兒，請高公公相見者。〔童向內請科〕高公公有請。〔丑上〕「玉漏聽長短，芳魂問有無。」〔見科〕仙師，楊娘娘可曾召到麼？

〔淨〕方纔符使到來，說娘娘無從召取。〔丑〕呀，如此怎生是好？〔淨〕公公且去覆旨，待貧道就在壇中，飛出元神，不論上天入地，好歹尋着娘娘。不出三日，定有消息回報。〔丑〕太上皇思念甚切，仙師是必用意者。「且傳方士語，去慰上

第四十六齣

皇情。」〔下〕〔內細樂，淨更鶴氅科〕童兒在壇小心祇候，俺自打坐出神去也。〔童〕領法旨。〔內鳴鐘、鼓各二十四聲，淨上壇端坐，叩齒作閉目出神科〕〔童〕你看我師出神去了。不免放下雲幃，壇下伺候則個。〔作放壇上帳幔，淨暗下〕〔童〕「壇上鐘聲靜，天邊雲影閒。」〔同下〕〔末扮道士元神從壇後轉行上〕

【鵲踏枝】暝子裡出真元，抵多少夢遊仙。俺則待踏破虛空，去訪嬋娟。貧道楊通幽，為許上皇尋覓楊妃魂魄，特出元神，到處遍求。如今先到那裡去者？〔思科〕，嗄，有了，且慢自叫閶闔，輕干玉殿，索先去赴幽冥，大索黃泉。

來此已是酆都城了。〔向內科〕森羅殿上判官何在？〔判跳上，小鬼隨上〕「善惡細分鐵算子，古今不出大輪迴。」仙師何事降臨？〔末〕貧道特來尋覓大唐貴妃楊玉環鬼魂。〔判〕凡是宮嬪妃后，地府另有文冊。仙師請坐，且待呈簿查看。〔末坐科，鬼送冊，判遞冊科〕〔末看科〕

【寄生草】這是一本宮嬪冊，歷朝妃后編。有一個檿弧箕服把周宗殄，有一個牝雞野雉把劉宗煽，有一個蛾眉狐媚把唐宗變。好奇怪，看古今來椒房金屋盡標題，怎沒有楊太真名字其中現。

地府既無，貧道去了。不免向天上尋覓一遭也。〔虛下〕〔判跳舞下，鬼隨下〕〔二仙女旌幢，引貼朝服、執拂上〕「高引霓旌朝絳闕，緩移鳳舄踏紅雲。」吾乃天孫織女，因向玉宸朝見，來到天門。前面一個道士來了，看是誰也？〔末上〕

【么篇】拔足纔離地，飛神直上天。〔見貼科〕原來是織女娘娘，小道楊通幽叩首。〔貼〕通幽免禮，到此何事？〔末〕小道奉大唐太上皇之命，尋訪玉環楊氏之魂。適從地府求之不得，特來天上找尋。誰知天上亦無。因此一徑出來，若不是伴嫦娥共把蟾宮戀，多敢是趁雙成同向瑤池現。〔貼〕通幽，那玉環之魂，原不在地下，不在天上也。〔末〕呀，早難道逐梁清又受天曹譴，要尋那霓裳善舞的俊楊妃，到做了留仙不住的喬飛燕。

〔貼〕通幽，楊妃既無覓處，你索自去覆旨便了。〔末〕娘娘，覆旨不難。不爭小道呵，

【後庭花滾】沒來由向金鑾出大言，運元神排空如電轉。一口氣許了他上下裡尋花貌，莽擔承向虛無中覓麗娟。〔貼〕誰教你弄嘴來？〔末〕非是俺沒干纏，自尋驅遣，單則為老君王鍾情生死堅，舊盟不棄捐。〔貼〕馬嵬坡下既已碎玉揉香，還討甚情來？〔末〕娘娘，休屈了人也。想當日亂紛紛乘輿值播遷，翻滾滾羽林生鬧喧，惡狠狠兵驕將又專，焰騰騰威行虐肆煽，鬧炒炒不由天子宣，昏慘慘結成妃后冤。撲剌剌生分開交頸鴛，格支支輕撏撦並蒂蓮，致使得嬌怯怯遊魂逐杜鵑。空落得哭哀哀悲啼咽楚猿，恨茫茫高和太華連，淚漫漫平將滄海填。〔貼〕如今死生久隔，歲月頻更，只怕此情也漸淡了。〔末〕那上皇呵，精誠積歲年，說不盡相思累萬千。鎮日家把嬌容心坎鐫，每日裡將芳名口上編。聽殘鈴劍閣懸，感衰梧秋雨傳。暗傷心肺腑煎，漫銷魂形影憐。對香囊呵惹恨綿，抱錦襪呵空淚漣，弄玉笛呵懷舊怨，撥琵琶呵憶斷絃。坐淒涼，思亂纏，睡迷離，夢倒顛。一心兒痴不變，十分家病怎痊！痛嬌花不再鮮，盼芳魂重至前。〔貼〕前夜牛郎曾為李三郎辨白，今聽他說來，果如此情真。煞亦可憐人也！〔末〕小道呵，生憐他意中人緣未全，打動俺閒中客情慢牽。因此上不辭他往返蹎，甘將這辛苦肩。猛可把泉臺踏的穿，早又將穹蒼磨的圓。誰知他做長風吹斷鳶，似晴曦散曉煙。莽桃源尋不出花一片，冷巫山找不着雲半邊。好教俺向空中難將袖手展，佇雲頭惟有睜目延。百忙裡幻不出春風圖畫面，揑不就名花傾國妍。若不得紅顏重出現，怎教俺黃冠獨自還！娘娘呵，則問他那精靈何處也天？

〔貼〕通幽，你若必要見他，待我指一個所在，與你去尋訪者。〔末稽首科〕請問娘娘，玉環見在何處？

【青哥兒】謝娘娘與咱、與咱方便，把玉人消息、消息親傳，得多少花有根芽水有源。則他落在誰邊，望賜明言。我便疾到跟前，不敢留連。〔貼〕通幽，你不聞世界之外，別有世界，山川之內，另有山川麼？〔末〕聽說道世外山川，另有周旋，只不知洞府何天，問渡何緣？〔貼〕那東極巨海之外，有一仙山，名曰蓬萊。你到那裡，便有楊妃消息了。〔末〕多謝娘娘指引。枉了上下俄延，都做了北轍南轅。元來只隔着弱水三千，溟渤風煙，在那麟鳳洲偏，蓬閬山巔。那裡有蕙圃芝田，白鹿玄猿，琪樹翩翩，瑤草芊芊。碧瓦雕甍，月館雲軒。樓閣蜿蜒，門闥勾連。隔斷塵喧，合住神仙。〔貼〕雖這般說，只怕那裡絕天涯，跨海角，途路遙遠，你去不得。〔末〕哎，娘娘他那裡情深無底更綿綿，諒着這蓬山路何為遠。

〔貼〕既如此，你自前去。咱「又聞人世無窮恨，待綰機絲補斷緣」。〔引仙女下〕〔末〕不免御着天風，到海外仙山，找尋一遭去也。〔作御風行科〕

【煞尾】穩踏着白雲輕，巧趁取罡風便，把碗大滄溟跨展。回望齊州何處顯，淡濛濛九點飛煙。說話之間，早來到海東邊，萬仞峰巔。這的是三島十洲別洞天，俺只索繞清虛閬苑，到玲瓏宮殿。是必破工夫找着那玉天仙。

與招魂魄上蒼蒼，黃滔　誰識蓬山不死鄉？趙嘏　此去人寰知遠近，秦系　五雲遙指海中央。韋莊

第四十七齣　補恨

【正宮引子】【燕歸梁】〔貼扮織女上〕憐取君王情意切，魂遍覓，費周折。好和蓬島那人說，邀雲珮，赴星闕。

前夕渡河之時，牛郎說起楊玉環與李三郎長生殿中之誓，要我與彼重續前緣。今適在天門外，遇見人間道士楊通幽。說上皇思念貴妃一意不衰，令他遍覓幽魂。此情實為可憫。已指引通幽到蓬山去了，又令侍兒召取太真到此，說與他知。再細探其衷曲，敢待來也。〔仙女引旦上〕

【錦堂春】聞說璇宮有命，雲中忙駕香車。強驅愁緒來天上，怕眉黛恨難遮。

〔仙女報，旦進見介〕娘娘在上，楊玉環叩見。〔貼〕太真免禮，請坐了。〔旦坐介〕適蒙娘娘呼喚，不知有何法旨？〔貼〕一向不曾問你，可把生前與唐天子兩下恩情，細說一遍與我知道。〔旦〕娘娘聽啟，

【正宮過曲】【普天樂】歎生前，冤和業。〔悲介〕纔提起，聲先咽。單則為一點情根，種出那歡苗愛葉。他憐我慕，兩下無分別。誓世世生生休拋撇，不提防慘悽悽月墜花折，悄冥冥雲收雨歇，恨茫茫只落得死斷生絕。

【雁過聲】〔換頭〕〔貼〕聽說，舊情那些。似荷絲劈開未絕，生前死後無休歇。萬重深，萬重結。你共他兩邊既恁疼熱，況盟言曾共設。怎生他陡地心如鐵，馬嵬坡便忍將伊負也？

【傾盃序】〔換頭〕〔旦淚介〕傷嗟，豈是他頓薄劣！想那日遭磨劫，兵刃縱橫，社稷阽危，蒙難君王怎護臣妾？妾甘就死，死而無怨，與君何涉！〔哭介〕怎忘得定情釵盒那根節。

〔出釵盒與貼看介〕這金釵、鈿盒，就是君王定情日所賜。妾被難之時，帶在身邊。攜入蓬萊，朝夕佩玩，思量再續前緣。只不知可能夠也？〔貼〕

【玉芙蓉】你初心誓不賒，舊物懷難撇。太真，我想你馬嵬一事，是千秋慘痛，此恨獨絕。誰道你不將殞骨留微憾，只思斷頭香再爇。蓬萊闕，化愁城萬疊。〔還旦釵盒介〕只是你如今已證仙班，情緣宜斷。若一念牽纏呵，怕無端又令從此墮塵劫。

〔旦〕念玉環呵，

【小桃紅】位縱在神仙列，夢不離唐宮闕。千迴萬轉情難滅。〔起介〕娘娘在上，倘得情絲再續，情願謫下仙班。雙飛若註鴛鴦牒，

三生舊好緣重結。〔跪介〕又何惜人間再受罰折！

〔貼扶介〕太真，坐了。我久思為你重續前緣。只因馬嵬之事，恨唐帝情薄負盟，難為作合。方纔見道士楊通幽，說你遭難之後，唐帝痛念不衰。特令通幽昇天入地，各處尋覓芳魂。我念他如此鍾情，已指引通幽到蓬萊山了。還怕你不無遺憾，故此召問。今知兩下真情，合是一對。我當上奏天庭，使你兩人世居忉利天中，永遠成雙，以補從前離別之恨。

【催拍】那壁廂人間痛絕，這壁廂仙家念熱：兩下痴情恁奢，痴情恁奢。我把彼此精誠，上請天闕。補恨填愁，萬古無缺。〔旦背淚介〕還只怕孽障週遮緣尚蹇，會猶賒。

〔轉向貼介〕多蒙娘娘憐念，只求與上皇一見，於願足矣。〔貼〕也罷。聞得中秋之夕，月中奏你新譜《霓裳》，必然邀你。恰好此夕正是唐帝飛昇之候。你可回去，令通幽屆期徑引上皇，到月宮一見。何如？〔旦〕只恐月宮之內，不便私會。〔貼〕不妨。待我先與姮娥說明。你等相見之時，我就奏請玉音到來，使你情緣永證便了。〔旦〕多謝娘娘，就此告辭。〔貼〕

【尾聲】團圓等待中秋節，管教你情償意愜。〔旦〕只我這萬種傷心，見他時怎地說！

〔旦〕身前身後事茫茫，天竺牧童　卻厭仙家日月長。曹唐
〔貼〕今日與君除萬恨，薛逢　月宮瓊樹是仙鄉。薛能

第四十八齣　寄情

【南呂過曲】【懶畫眉】〔末扮道士元神上〕海外曾聞有仙山，山在虛無縹緲間。貧道楊通幽，適見織女娘娘，說楊妃在蓬萊山上。即便飛過海上諸山，一徑到此。見參差宮殿彩雲寒。前面洞門深閉，不免上前看來。〔看介〕試將銀榜端詳覷，〔念介〕「玉妃太真之院」。呀，是這裡了。〔做抽簪叩門介〕不免抽取瓊簪輕叩關。

【前腔】〔貼扮仙女上〕雲海沉沉洞天寒，深鎖雲房鶴徑閒。〔末又叩介〕〔貼〕誰來花下叩銅環？〔開門介〕是那個？〔末見介〕貧道楊通幽稽首。〔貼〕到此何事？〔末〕大唐太上皇帝，特遣貧道問候玉妃。〔貼〕娘娘到璇璣宮去了，請仙師少待。〔末〕原來如此，我且從容佇立瑤階上。〔貼〕遠遠望見娘娘來了。〔末〕遙聽仙風吹珮環。

【前腔】〔旦引仙女上〕歸自雲中步珊珊，聞有青鸞信遠頒。〔見末介〕呀，果然仙客候重關。〔貼迎介〕〔旦〕道士何來？〔貼〕正要稟知娘娘，他是唐家天子人間使，銜命迢遙來此山。

〔旦進介〕既是上皇使者，快請相見。〔仙女請末進介〕〔末見科〕貧道楊通幽稽首。〔旦〕仙師請坐。〔末坐介〕〔旦〕請問仙師何來？〔末〕貧道奉上皇之命，特來問候娘娘。〔旦〕上皇安否？〔末〕上皇朝夕思念娘娘，因而成疾。

【宜春令】自回鑾後，日夜思，鎮昏朝潸潸淚滋。春風秋雨，無非即景傷心事。映芙蓉，人面俱非；對楊柳，新眉誰試。特地將他一點舊情，倩咱傳示。

【前腔】〔旦淚介〕腸千斷，淚萬絲。謝君王鍾情似茲。音容一別，仙山隔斷違親侍。蓬萊院月悴花憔，昭陽殿人非物是。漫自將咱一點舊情，倩伊回示。

〔末〕貧道領命。只求娘娘再將一物，寄去為信。〔旦〕也罷。當年承寵之時，上皇賜有金釵、鈿盒，如今就分釵一股，劈盒一扇，煩仙師代奏上皇。只要兩意能堅，自可前盟不負。〔作分釵盒，淚介〕侍兒，將這釵盒送與仙師。〔貼遞釵盒與末介〕〔旦〕仙師請上，待妾拜煩。〔末〕不敢。〔拜介〕

【三學士】舊物親傳全仗爾，深情略表孜孜。半邊鈿盒傷孤另，一股金釵寄遠思。幸達上皇，只願此心堅似始，終還有相見時。

〔末〕貧道還有一說，釵盒乃人間所有之物，獻與上皇，恐未深信。須得當年一事，他人不知者，傳去取驗，才見貧道所言不謬。

〔旦〕這也說得有理。〔旦低頭沉吟介〕

【前腔】臨別殷勤重寄詞，詞中無限情思。哦，有了。記得天寶十載，七月七夕長生殿，夜半無人私語時。那時上皇與妾並肩而立，因感牛女之事，密相誓心：願世世生生，永為夫婦。〔泣介〕誰知道比翼分飛連理死，綿綿恨無盡止。

〔末〕有此一事，貧道可覆上皇了。就此告辭。〔旦〕且住，還有一言。今年八月十五日夜，月中大會，奏演《霓裳》，恰好此夕，正是上皇飛昇之候。我在那裡專等一會，敢煩仙師居期，指引上皇到彼。失此機會，便永無再見之期了。〔末〕貧道領命。〔旦〕仙師，說我

含情凝睇謝君王，白居易　塵夢何如鶴夢長。曹唐

〔末〕密奏君王知入月，王建　眾仙同日聽霓裳。李商隱

第四十九齣　得信

【仙呂引子】【醉落魄】〔生病裝，宮女扶上〕相思透骨沉疴久，越添消瘦。蘅蕪燒盡魂來否？望斷仙音，一片晚雲秋。

「黯黯愁難釋，綿綿病轉成。哀蟬將落葉，一種為傷情。」寡人夢想妃子，染成一病。因令方士楊通幽攝召芳魂，誰料無從尋覓。通幽又為我出神訪求去了。唉，不知是方士妄言，還不知果能尋着？寡人轉展縈懷，病體越重。已遣高力士到壇打聽，還不見來。對着這一庭秋景，好生懸望人也！

【仙呂過曲】【二犯桂枝香】【桂枝香】葉枯紅藕，條疏青柳。淅刺刺滿處西風，都送與愁人消受。**【四時花】**悠悠、欲眠不眠欹枕頭。非耶，是耶？睜望眸。問巫陽，渾未剖。**【皂羅袍】**活時難救，死時怎求？他生未就，此生頓休。**【桂枝香】**可憐他渺渺魂無覓，量我這懨懨病怎瘳？

【不是路】〔丑持釵盒上〕鶴轉瀛洲，信物攜將遠寄投。忙回奏，〔見生叩介〕仙壇傳語慰離憂。〔生〕高力士，你來了麼？問音由佳人果有佳音否？莫為我淹煎，把浪語謅。〔丑〕萬歲爺聽啟，那仙師呵，追尋久，遍黃泉、碧落俱無有。〔生驚哭介〕呀，這等說來，妃子永無再見之期了。兀的不痛殺寡人也！〔丑〕萬歲爺，請休僝僽。

那仙師呵，

【前腔】御氣遨遊，遇織女傳知在海上洲。〔生〕可曾得見？〔丑〕蓬萊岫，見太真仙院榜高頭。〔生〕元來妃子果然成仙了。可有甚麼說話？〔丑〕說來由，含情只謝君恩厚，下望塵寰兩淚流。〔生〕果然有這等事？〔丑〕非虛謬，有當年釵盒親分授，寄來呈奏。

〔進釵盒介〕這鈿盒、金釵，就是娘娘臨終時，付奴婢殉葬的。不想娘娘攜到仙山去了。〔生執釵盒大哭介〕我那妃子嗄，

【長拍】鈿盒分開，鈿盒分開，金釵拆對，都似玉人別後。單形隻影，兩載寡侶，一般兒做成離愁。還憶付伊收，助曉妝雲鬢，晚香羅袖。此際輕分遠寄與，無限恨。個中留，見了怎生釋手。枉自想同心再合，雙股重儔。

且住。這釵盒乃人間之物，怎到得天上？前日墓中不見，朕正疑心，今日如何卻在他手內？〔丑〕萬歲爺休疑，那仙師早已慮及，向娘娘問得當年一件密事在此。〔生〕是那一事，你可說來。〔丑〕娘娘呵，把

【短拍】天寶年間，天寶年間，長生殿裡，恨茫茫說起從頭。七夕對牽牛，正夜半憑肩私咒。〔生〕此事果然有之。誰料釵分盒剖！〔泣介〕只今日呵，翻做了孤雁漢宮秋。

〔丑〕萬歲爺，且省愁煩。娘娘還有話說。〔生〕還說什麼？〔丑〕娘娘說，今年中秋之夕，月宮奏演《霓裳》，娘娘也在那裡。教仙師引着萬歲爺，到月宮裡相會。〔生喜介〕既有此話，你何不早說？如今是幾時了？〔丑〕如今七月將盡，中秋之期只有半月了。請萬歲爺將息龍體。〔生〕妃子既許重逢，我病體一些也沒有了。

【尾聲】廣寒宮，容相就。十分愁病一時休。倒捱不過人間半月秋！

海外傳書怪鶴遲，盧綸　詞中有誓兩心知。白居易　更期十五團圓夜，徐夤　縱有清光知對誰。戴叔倫

第五十齣　重圓

【雙調引子】【謁金門】〔淨扮道士上〕情一片，幻出人天姻眷。但使有情終不變，定能償夙願。

貧道楊通幽，前出元神在於蓬萊。蒙玉妃面囑，中秋之夕引上皇到月宮相會。上皇原是孔昇真人，今夜八月十五數合飛昇。此時黃昏以後，你看碧天如水，銀漢無塵，正好引上皇前去。道猶未了，上皇出宮來也。〔生上〕

【仙呂入雙調】【忒忒令】碧澄澄雲開遠天，光皎皎月明瑤殿。〔淨見介〕上皇，貧道稽首。〔生〕仙師少禮。今夜呵，只因你傳信約蟾宮相見，急得我盼黃昏眼兒穿。這青霄際，全托賴引步展。

〔淨〕夜色已深，就請同行。〔行介〕〔淨〕明月在何許？揮手上青天。〔生〕不知天上宮闕，今夕是何年？〔淨〕我欲乘風歸去，只恐瓊樓玉宇，高處不勝寒。〔合〕起舞弄清影，何似在人間？〔生〕仙師，天路迢遙，怎生飛渡？〔淨〕上皇，不必憂心。待貧道將手中拂子，擲作仙橋，引到月宮便了。〔擲拂子化橋下〕〔生〕你看，一道仙橋從空現出。仙師忽然不見，只得獨自上橋而行。

【嘉慶子】看彩虹一道隨步顯，直與銀河霄漢連，香霧濛濛不辨。〔內作樂介〕聽何處奏鈞天，想近着桂叢邊。

〔虛下〕〔老旦引仙女，執扇隨上〕

【沉醉東風】助秋光玉輪正圓，奏霓裳約開清讌。吾乃月主嫦娥是也。月中向有《霓裳》天樂一部，昔為唐皇貴妃楊太真於夢中聞得，遂譜出人間。其音反勝天上。近貴妃已證仙班。吾向蓬山覓取其譜，補入鈞天。擬於今夕奏演。不想天孫憐彼情深，欲為重續良緣。要借我月府，與二人相會。太真已令道士楊通幽引唐皇今夜到此，真千秋一段佳話也。只為他情兒久，意兒堅，合天人重見。因此上感天孫為他方便。仙女每，候着太真到時，教他在桂陰下少待。等上皇到來見過，然後與我相會。〔仙女〕領旨。〔合〕桂華正妍，露華正鮮。撮成好會，在清虛府洞天。

〔老旦下〕〔場上設月宮，仙女立宮門候介〕〔旦引仙女行上〕

【尹令】離卻玉山仙院，行到彩蟾月殿，盼着紫宸人面。三生願償，今夕相逢勝昔年。

〔到介〕〔仙女〕玉妃請進。〔旦進介〕月主娘娘在那裡？〔仙女〕娘娘分付，請玉妃少待。等上皇來見過，然後相會。請少坐。

〔旦坐介〕〔仙女立月宮傍候介〕〔生行上〕

【品令】行行度橋，橋盡漫俄延。身如夢裡，飄飄御風旋。清輝正顯，入來翻不見。只見樓臺隱隱，暗送天香撲面。〔看介〕「廣寒清虛之府」，呀，這不是月府麼？早約定此地佳期，怎不見蓬萊別院仙！

〔仙女迎介〕來的莫非上皇麼？〔生〕正是。〔仙女〕玉妃到此久矣，請進相見。〔生〕妃子那裡？〔旦〕上皇那裡？〔生見旦哭介〕我那妃子呵！〔旦〕我那上皇呵！〔對抱哭介〕〔生〕

【豆葉黃】乍相逢執手，痛咽難言。想當日玉折香摧，都只為時衰力軟，累伊冤慘，盡咱罪愆。到今日滿心慚愧，到今日滿心慚愧，訴不出相思萬萬千千。

〔旦〕陛下，說那裡話來！

【姐姐帶五馬】【好姐姐】是妾孽深命蹇，遭磨障，累君幾不免。梨花玉殞，斷魂隨杜鵑。【五馬江兒水】只為前盟未了，苦憶殘緣，惟將舊盟痴抱堅。荷君王不棄，念切思專，碧落黃泉為奴尋遍。

〔生〕寡人回駕馬嵬，將妃子改葬。誰知玉骨全無，只剩香囊一個。後來朝夕思想，特令方士遍覓芳魂。

【玉交枝】纔到仙山尋見，與卿卿把衷腸代傳。〔出釵盒介〕釵分一股盒一扇，又提起乞巧盟言。〔旦出釵、盒介〕妾的釵盒也帶在此。

〔合〕同心鈿盒今再聯，雙飛重對釵頭燕。漫回思不勝黯然，再相看不禁淚漣。

〔旦〕幸荷天孫鑒憐，許令斷緣重續。今夕之會，誠非偶然也。

【五供養】仙家美眷，比翼連枝，好合依然。天將離恨補，海把怨愁填。〔生合〕謝蒼蒼可憐，潑情腸翻新重建。添註個鴛鴦牒，

紫霄邊，千秋萬古證奇緣。

〔仙女〕月主娘娘來也。〔老旦上〕「白榆歷歷月中影，丹桂飄飄雲外香。」〔生見介〕月姐拜揖。〔老旦〕上皇稽首。〔旦見介〕娘娘稽首。〔老旦〕玉妃少禮，請坐了。〔各坐介〕〔老旦〕上皇，玉妃，恭喜仙果重成，情緣永證。往事休提了。

【江兒水】只怕無情種，何愁有斷緣。你兩人呵，把別離生死同磨煉，打破情關開真面，前因後果隨緣現。覺會合尋常猶淺，偏您相逢，在這團圓宮殿。

〔仙女〕玉旨降。〔貼捧玉旨上〕「織成天上千絲巧，綰就人間百世緣。」〔生、旦跪介〕〔貼〕「玉帝敕諭唐皇李隆基、貴妃楊玉環：咨爾二人，本係元始孔昇真人、蓬萊仙子。偶因小譴，暫住人間。今謫限已滿，准天孫所奏，鑒爾情深，命居忉利天宮，永為夫婦。如敕奉行。」〔生、旦拜介〕願上帝聖壽無疆。〔起介〕〔貼相見，坐介〕〔貼〕上皇，太真，你兩下心堅，情緣雙證。如今已成天上夫妻，不比人世了。

【三月海棠】忉利天，看紅塵碧海須臾變。永成雙作對，總沒牽纏。遊衍，抹月批風隨過遣，痴雲膩雨無留戀。收拾釵和盒舊情緣，生生世世消前願。

〔老旦〕群真既集，桂宴宜張。聊奉一觴，為上皇、玉妃稱賀。看酒過來。〔仙女捧酒上〕酒到。〔老旦送酒介〕

【川撥棹】清虛殿，集群真，列綺筵。桂花中一對神仙，桂花中一對神仙，占風流千秋萬年。〔合〕會良宵，人並圓；照良宵，月也圓。

【前腔】〔換頭〕〔貼向旦介〕羨你死抱痴情猶太堅，〔向生介〕笑你生守前盟幾變遷。總空花幻影當前，總空花幻影當前，掃凡塵一齊上天。〔合〕會良宵，人並圓；照良宵，月也圓。

【前腔】〔換頭〕〔生、旦〕敬謝嫦娥，把衷曲憐；敬謝天孫，把長恨填。歷愁城苦海無邊，歷愁城苦海無邊，猛回頭痴情笑捐。〔合〕會良宵，人並圓；照良宵，月也圓。

【尾聲】死生仙鬼都經遍，直作天宮並蒂蓮，纔證卻長生殿裡盟言。

〔貼〕今夕之會，原為玉妃新譜《霓裳》。天女每那裡？〔眾天女各執樂器上〕「夜月歌殘鳴鳳曲，天風吹落步虛聲。天女每稽首。」〔貼〕把《霓裳羽衣》之曲，歌舞一番。〔眾舞介〕

【高平調】【羽衣第三疊】【錦纏道】桂輪芳，按新聲，分排舞行。仙珮互趨蹌，趁天風，惟聞遙送叮噹。【玉芙蓉】宛如龍起游千狀，翩若鸞迴色五章。霞裙蕩，對瓊絲袖張。【四塊玉】撒團團翠雲，堆一溜秋光。【錦漁燈】裊亭亭，現緱嶺笙邊鶴氅；豔晶晶，會瑤池筵畔虹幢；香馥馥，蕊殿群殊散玉芳。【錦上花】呈獨立，鵠步昂；偷低度，鳳影藏。斂衣調扇恰相當，【一撮棹】一字一回翔。【普天樂】伴洛妃，淩波樣；動巫娥，行雲想。音和態，宛轉悠揚。【舞霓裳】珊珊步躡高霞唱，更泠泠節奏應宮商。【千秋歲】映紅蕊，含風放；逐銀漢，流雲漾。不似人間賞，要鋪蓮慢踏，比燕輕颺。【麻婆子】步虛、步虛瑤臺上，飛瓊引興狂。弄玉、弄玉秦臺上，吹簫也自忙。凡情、仙意兩參詳。【滾繡球】把鈞天換腔，巧翻成餘弄兒盤旋未央。【紅繡鞋】銀蟾亮，玉漏長，千秋一曲舞霓裳。

〔貼〕妙哉，此曲。真個擅絕千秋也。就借此樂，送孔昇真人同玉妃，到忉利天宮去。〔老旦〕天女每，奏樂引導。〔天女鼓樂引生、旦介〕

【黃鍾過曲】【永團圓】神仙本是多情種，蓬山遠，有情通。情根歷劫無生死，看到底終相共。塵緣倥傯，忉利有天情更永。不比凡間夢，悲歡和哄，恩與愛總成空。跳出痴迷洞，割斷相思鞚；金枷脫，玉鎖鬆。笑騎雙飛鳳，瀟灑到天宮。

【尾聲】舊霓裳，新翻弄。唱與知音心自懂，要使情留萬古無窮。

誰令醉舞拂賓筵，張說　上界群仙待謫仙。方干　一曲霓裳聽不盡，吳融　香風引到大羅天。韋絢

看修水殿號長生，王建　天路悠悠接上清。曹唐　從此玉皇須破例，司空圖　神仙有分不關情。李商隱